AF410795

X 3288.
A.

par M.r Arnauld

18442

REFLEXIONS

SUR

L'ELOQUENCE

DES

PREDICATEURS.

Ex libris Fuliensium Parisiensium Monasterii St Bernard

A PARIS,

Chez FLORENTIN & PIERRE DELAULNE,
devant l'Eglise de Sorbonne,
Et ruë S. Jacques
au dessus des Mathurins, à l'Empereur.

M. DC. XCV.
AVEC PRIVILEGE DU ROY.

TABLE DES REFLEXIONS
fur l'Eloquence.

Preface, page 1
Deſſein de ces Reflexions, 3
PREMIERE PARTIE.
Premiere Reflexion, 6
II. Reflexion, 18
III. Reflexion, 24
IV. Reflexion, 30
V. Reflexion, 36
VI. Reflexion, 47
VII. Reflexion, 58
VIII. Reflexion, 65
IX. Reflexion, 68
X. Reflexion, 74
SECONDE PARTIE.
XI. R flexion, 80
XII. Reflexion, 98
XIII. Reflexion, 105
XIV. Reflexion, 135

ã ij

XV. *Reflexion*,   150
XVI. *Reflexion*,   157
TROISIE'ME PARTIE.
XVII. *Reflexion*,   172
XVIII. *Reflexion*,   185
XIX. *Reflexion*,   198
XX. *Reflexion*,   211

Ces Reflextions sont de
feu Mr Arnauld faites
a l'occation de la traduction
des sermons de St augustin
par Mr Dn Bois

REFLEXIONS
SUR
L'ELOQUENCE

A Monsieur ***

JE vous suis bien obli-
gé, Monsieur, du pre-
sent que vous m'avez
fait des deux Volumes de vôtre Traduction des S. de S. A.
Je ne l'ay pas encore lûë ; mais
je ne puis douter qu'elle ne soit
aussi belle que celle que vous
avez faite des Lettres de ce
Saint, qui est un chef-d'œuvre.

A

J'ay lû feulement l'Avertiffement auffi-toft que j'ay receu
ce Livre, & avec quelque em-
preffement ; parce qu'on m'a-
voit mandé qu'il pourroit faire du bruit à caufe de ce que
vous y difiez contre la maniere de prêcher de la plûpart des
Predicateurs de ce temps, que
vous prétendiez être contraire
à celle de ce faint Docteur.

J'y ai trouvé en effet que
c'eft ce que vous y traitiez
avec plus de foin & plus d'é-
tenduë ; mais comme j'y ai
rencontré beaucoup de difficultez, j'ay cru que vous pren-
driez pour marque de l'amitié
chrétienne qui eft entre nous
depuis fi long-temps, la liberté
que je prends de vous les propofer à vous-même.

Deſſein de ces Reflexions.

Vôtre Préface peut être diviſée en deux parties. La premiere eſt un bel éloge de S. Auguſtin & de ſes Sermons, & ce n'eſt pas ſur cela que j'ay fait des Reflexions; c'eſt ſeulement ſur la ſeconde, qui eſt une eſpece de Diſſertation ſur la maniere dont on doit prêcher la parole de Dieu, que vous devez vous attendre quï ſera regardée comme une cenſure un peu forte de la maniere dont prêchent la plûpart des Predicateurs de ce temps.

Or cette Diſſertation que j'examinerai dans ces Reflexions peut eſtre diviſée en trois parties.

Dans la premiere, qui commence à la page 11. & finit à la 17. vous parlez de telle forte de l'Eloquence que vous appellez humaine, qu'il femble que vous la vouliez bannir de la Chaire, & ne laiſſer aux Predicateurs que la ſimple expoſition de la verité ſans y mêler aucun art humain.

Dans la ſeconde, qui commence à la page 17. & finit à la page 37. vous pourſuivez ce même deſſein ; mais vous l'appuyez ſur un argument que vous faites fort valoir, fondé ſur la difference qu'il faut mettre entre l'intelligence & l'imagination.

Mais dans la troiſiéme, qui commence à la page 37. juſqu'à l'occaſion d'une objection

que vous vous propofez contre
ce que vous aviez dit de defa-
vantageux à l'Eloquence dans
les deux premieres parties, il
femble que vous avez voulu
vous reconcilier avec elle, en
déclarant que vous n'avez voulu bannir de la Chaire que la
mauvaife Eloquence & non la
bonne. Cette partie finit à la
page 58. car dans le refte vous
recommencez à parler de S.
Auguftin. Ainfi vôtre Differ-
tation que j'appellerai Difcours fur l'Eloquence des Predicateurs, fera divifée en trois
parties : mais je laifferai les
Reflexions fous un chiffre con-
tinu.

REFLEXIONS SUR LA premiere Partie du Discours sur l'Eloquence des Prédicateurs.

I.

COMME vous prétendez, Monsieur, que les Sermons de saint Augustin sont conformes à ce que vous dites de la maniere dont on doit prêcher, & que vous le donnez pour modele à ceux qui voudront le suivre ; vous ne devez pas douter que ceux qui s'en trouveront choquez ne tâchent de se défendre par l'autorité de ce Saint, en prétendant que vous n'avez pû les censurer, qu'en vous écartant vous-même des regles qu'il en a données.

Cela leur sera d'autant plus facile que ce saint Docteur a traité cette matiere à fond dans son quatriéme Livre de la Doctrine Chrétienne ; & comme il en a donné de fort belles regles , on n'a qu'à les bien considerer pour être assuré de son sentiment. J'ay donc crû ne pouvoir donner un meilleur fondement à ces Reflexions, que d'en faire un petit Recueil qui contiendra vingt Articles que je renvoye aux nombres marquez dans l'Edition des PP. BB. afin qu'on les trouve plus facilement si on les veut voir dans le latin.

1. Saint Augustin pose d'a-bord comme une chose cer-

taine qu'il convient à un Prédicateur de se servir de la Rhetorique : „ Car cet art, dit-il,
„ pouvant être employé à persua-
„ der la verité & la fausseté, se-
„ roit-il juste que le mensonge
„ s'en servant pour combatre la
„ verité, la verité ne s'en servit
„ pas pour se défendre contre le
„ mensonge ? *n.* 3.

11. Il décrit le devoir d'un Orateur chrétien, & il marque en peu de paroles qu'il doit faire tout ce que les Rheteurs enseignent qu'il faut faire pour persuader ceux à qui on parle. *n.* 6.

111. Il reconnoît qu'il y en a qui peuvent parler sagement (par où il entend ne rien dire que de vrai & de bon) mais qui n'ont pas le talent de parler éloquemment. Il conseille

à ces personnes de se servir beaucoup des paroles de l'Ecriture : *Quanto enim se pauperiorem sentit in suis , tanto eum oportet in istis esse ditiorem.* n. 8.

IV. Aprés avoir distingué ces deux sortes de Prédicateurs , il enseigne que celuy qui peut parler & sagement & éloquemment est préferable à l'autre & profite davantage à ses auditeurs : *Qui non solum sapienter , verum etiam eloquenter potest dicere, procul dubio plus proderit.* n. 8. 61.

V. Mais ce qui est remarquable, est qu'il conseille plûtost à celuy qui veut parler sagement & éloquemment de lire & d'écouter les personnes éloquentes & s'appliquer à les imiter, que de faire une étude particuliere des preceptes de la Rhetorique. *n*. 8.

VI. Il passe ensuite à montrer que l'éloquence n'a pas manqué aux Auteurs canoniques, mais qu'ils en ont eu une qui leur a été propre, & qui ne seroit pas propre à d'autres ; *nec ipsos decet alià (Eloquentia) nec alios ipsa.* n. 8.

VII. Il rapporte sur cela plusieurs exemples de l'Ecriture, & un en particulier du Prophete Amos de la Traduction de saint Jerôme. *n*. 11. *usque ad* 16.

VIII. Après avoir parlé de l'Eloquence des Auteurs Canoniques, il parle plus dans la suite de ce Livre d'une autre Eloquence differente de celle-là; dont doivent se servir les

Prédicateurs & les Docteurs chrétiens. Il leur applique les plus importantes observations des Maîtres de l'Eloquence. *n.* 22. *& seq.*

IX. Du soin qu'on doit avoir de la clarté, & qu'elle doit faire quelquefois négliger la beauté & la pureté du Langage. *n.* 24.

X. Qu'il y en avoit qui prêchoient ce qu'ils avoient préparé & appris par cœur, & d'autres qui n'apprenoient pas par cœur ; & quel avantage ces derniers avoient au-dessus des autres. *n.* 25.

XI. Il explique les trois parties de l'Orateur, enseigner, plaire, & toucher, ce qu'il prouve par Ciceron : *Dixit quidam eloquens, & verum dixit, ita dicere debere eloquentem, ut doceat , ut delectet , ut flectat.* n. 27.

XII. C'eſt encore ce que S. Auguſtin explique en d'autres termes, en diſant que l'Orateur chrétien doit parler de telle ſorte qu'il ſoit écouté, *intelligenter , libenter , obedienter ;* c'eſt-à-dire, qu'on comprenne bien ce qu'il dit, qu'on ſe plaiſe à l'entendre , & qu'on ſe rende à ce qu'il a voulu perſuader. *n.* 30.

XIII. Il va au-devant d'une objection qu'il prévoit qu'on luy pourroit faire, qui eſt qu'on ne doit pas ſe mettre en peine d'enſeigner à ceux qui ont à prêcher ce qu'ils doivent dire, & de quelle maniere il le doivent dire ; ſi c'eſt le S.

Efprit qui les doïve enfeigner.
Il le réfout en difant que fi
cette conféquence eftoit bonne, on pourroit prétendre auffi que nous n'avons pas befoin
de rien demander à Dieu dans
nos prieres , puifque Jefus-
Chrift nous enfeigne dans l'E-
vangile , que Dieu connoift
nos befoins avant que nous les
luy faffions connoiftre. *n.* 33.

XIV. Il approuve un autre
paffage de Ciceron , qui dit
que pour eftre Eloquent , il
faut , *parva fubmiffe , modica
temperatè , magna granditer dicere :* Qu'il faut dire les peti-
tes chofes, d'un ftyle fimple ;
les mediocres, d'un ftyle plus
relevé ; & les grandes, d'un ftyle grand & fublime. *n.*34.

XV. C'eft ce que ce Saint dit

pouvoir se rapporter à la premiere division, *docere, movere, flectere*; d'autant plus, dit-il, qu'il n'y a rien de petit dans les choses dont un Prédicateur doit parler. Il ne doit pas neanmoins toûjours parler des grandes choses d'un style sublime; mais d'un style simple, quand il enseigne; d'un style mediocre, quand il louë ou qu'il blâme; au lieu que quand il s'agit de faire pratiquer quelque action de vertu à des personnes qui en ont de l'éloignement, c'est alors qu'il faut se servir d'un style grand & sublime, & y employer des paroles qui soient propres à les enlever. *n.* 35.

XVI. Ce Saint explique en un autre endroit ce que c'est

que prêcher sagement & éloquemment : C'est, dit-il, employer dans le style simple des
paroles qui soient propres à
faire comprendre ce que l'on
veut enseigner ; à en employer
de brillantes, dans le style mediocre ; & de fortes & de vehementes, dans le style sublime ; & ne se servir de tout
cela que pour faire entrer dans
la verité, ceux à qui on parle :
Quid est ergo non solum eloquen-
ter, verum etiam sapienter dice-
re, nisi verba in submisso genere,
sufficientia ; in temperato, splen-
dentia ; in grandi, vehementia ;
veris tamen rebus quas audiri
oporteat adhibere. n. 61.

XVII. Il donne d'excellens
preceptes touchant la necessi-
té de varier le style. Que l'on

souffre plutost la longueur dans
le style simple que dans le sublime. Tout n'y doit pas estre
sublime. *n.* 61.

XVIII. Qu'on ne doit pas
croire qu'un discours soit du
genre sublime, parce que l'auditeur y fait des acclamations.
L'agréable & le fin du style
simple, & les ornemens du style
mediocre pouvant avoir cet
effet ; au lieu que le sublime
saisit tellement, qu'ostant l'u-
sage de la voix, il ne laisse que
le pouvoir de pleurer : *Non sa-
nè si dicenti crebriùs & vehemen-
tiùs acclametur, ideò granditer
putandus est dicere ; hoc enim &
accumina submissi generis & orna-
menta faciunt temperati : Grande
autem genus plerumque pondere
suo voces premit, sed lacrymas
exprimit.*

exprimit. Et c'eſt ce que S. Auguſtin dit luy eſtre arrivé dans un Sermon qu'il fit à Ceſarée de Mauritanie. *n.* 53.

xix. Trois fins de la Prédication : Que la verité nous ſoit connuë ; Que la verité ſoit écoutée avec plaiſir ; Que la verité nous touche : *Vt veritas pateat , ut veritas placeat , ut veritas moveat.* n. 61.

xx. Que la bonne vie du Prédicateur donne plus de poids à ſes diſcours que la plus grande Eloquence ; mais que ceux qui vivent mal ne laiſſent pas d'eſtre utiles à leurs auditeurs quand ils prêchent ſagement & éloquemment, quoiqu'ils ſe nuiſent à eux-mêmes : *Habet ut obedienter audiatur , quantacunque granditate dictionis*

B

*majus pondus, vita dicentis: Qui
vero sapienter & eloquenter dicit,
vivit autem nequiter, erudit quidem multos discendi studiosos
quamvis animæ suæ sit inutilis.*
n. 59.

Je ne sçay, Monsieur, si la
seule lecture de ces vingt Articles ne vous fera pas juger que
rien ne peut estre plus opposé à
ce que vous dites dans vôtre
Avertissement.

I I.

Rien n'est plus raisonnable
que ce que dit S. Augustin du
soin que doit avoir un homme
vraiment éloquent de se faire
bien entendre : Ce qui est vray
principalement lorsqu'il s'agit
de donner des preceptes de
quelque Art. Car comment

pourrai-je m'attendre que ceux
à qui je parle, demeureront
perſuadez qu'ils doivent faire
ce que je leur marque eſtre neceſſaire pour bien agir, ſi je
le marque ſi obſcurement qu'-
ils n'en ayent qu'une idée tres-
confuſe, ſans ſçavoir preciſé-
ment ce que je demande d'eux.

Il ſemble, Monſieur, que
ce ſoit le défaut où vous ſoyez
tombé dans ce Diſcours de l'E-
loquence des Prédicateurs.
Vous ne diſſimulez pas que
voſtre deſſein a été de leur
perſuader de ne plus employer
l'Eloquence humaine dans
leurs Prédications. Cependant vous avez ſi peu expliqué
quelle eſt l'Eloquence dont
vous ne voudriez pas qu'on ſe
ſervît dans la Chaire, qu'il eſt

bien difficile de le deviner : Car si on s'arrête à la premiere & à la seconde Partie de vôtre Discours, on sera porté à croire que vous bannissez toute éloquence de la Chaire, ce qui est tout-à-fait contraire à S. Augustin ; & si on veut corriger cette dureté par la derniere partie, on ne sera gueres plus avancé, puisqu'on n'aura pas moins de peine à comprendre distinctement qu'elle est cette bonne Eloquence que vous n'en bannissez pas. Je réserve ce dernier Point pour d'autres reflexions. Je ne parlerai icy que du premier.

Saint Augustin a parlé bien plus clairement de l'Eloquence de l'Orateur Chrétien : Car nous avons déja vû dans la reflexion précedente qu'il reconnoiſt comme une choſe indubitable que la Rhetorique qu'il avoit enſeignée, & par conſequent l'Eloquence humaine que cet art enſeigne, convient aux Prédicateurs de la parole de Dieu. C'eſt même par là qu'il commence ſon quatriéme Livre. Il dit « qu'- « on ne doit pas s'attendre qu'il « y donne des preceptes de la « Rhetorique qu'il avoit appri- « ſe & enſeignée dans les Eco- « les ſeculieres ; non qu'ils ne « ſoient utiles, mais parce que « c'eſt ailleurs qu'on les doit ap- « prendre. Mais pour montrer « que cette Eloquence qu'enſei- gne la Rhetorique convient à un Prédicateur de l'Evangile ; outre ce que j'en ai rapporté, voicy ce qu'il dit à la fin d'un beau Discours sur ce sujet : *Cum ergo sit in medio posita facultas eloquii quæ ad persuadenda seu prava seu recta valet plurimum , cur non bonorum studio comparatur ut militet veritati , si eam mali ad obtinendas perversas vanasque causas , in usus iniquitatis & erroris usurpent ?* » L'art de parler éloquemment » est tel qu'on en peut bien ou » mal user, parce qu'il peut beau- » coup servir à persuader le vray » ou le faux. Pourquoi donc les » gens de bien ne travailleront- » ils pas à l'acquerir pour l'em- » ployer à la défense de la veri- » té, si les méchans en tirent tant » d'avantage pour obtenir ce que » leurs injustes passions leur font » desirer ?

Il faut, Monsieur, que vous avoüyiez , ou que vos penſées ſont bien contraires à celles de ſaint Auguſtin ; ou que ſi elles y ſont conformes , vous vous ſoyez bien mal expliqué : Car au lieu que S. Auguſtin enſeignent poſitivement que le Prédicateur Evangelique peut & doit ſe ſervir utilement de l'Eloquence qui s'enſeigne dans les Ecoles, & qu'on peut employer à perſuader le vrai & le faux, ce qui ne convient qu'à l'Eloquence humaine, vous decidez au contraire que c'eſt faire injure à une ſi haute fonction que d'employer les tours & les adreſſes de l'Eloquence humaine pour faire entrer la ſcience du ſalut dans le cœur des Fideles. Vous repetez dans la fuite la même penfée en d'autres termes : Mais cela fe verra mieux dans les reflexions fuivantes , en examinant les raifons fur lefquelles vous l'appuyez.

III.

Une de ces raifons eſt ce que dit S. Paul, qu'il ne faifoit profeffion de ſçavoir que Jefus-Chriſt, & Jefus-Chriſt crucifié : *L'art de l'Eloquence*, ditesvous, *n'étoit pas inconnu à faint Auguſtin, il en a fait même des leçons ; mais dans l'exercice de ſon miniſtere il faifoit profeffion comme S. Paul de ne ſçavoir que Jeſus-Chriſt, & Jeſus-Chriſt crucifié.*

Il faut bien que ce Saint n'ait pas crû que ces paroles
de

de l'Apôtre lui deuſſent faire juger qu'il étoit indigne de ſon miniſtere de ſe ſervir de l'Eloquence qu'il avoit enſeignée, puiſqu'il déclare expreſſément que les Prédicateurs font bien de s'en ſervir, qu'ils le peuvent faire avec fruit, & qu'il témoigne s'en eſtre ſervi lui-même dans une occaſion importante, comme étoit celle de faire renoncer toute une Ville à une déteſtable coutume. *n.* 53.

En effet, ces paroles de S. Paul ne prouvent rien moins que cela ; car 1. comment avez-vous pû croire que cette parole de l'Apôtre : *Non judicavi me ſcire aliquid inter vos niſi Jeſum Chriſtum & hunc crucifixum* , avoit fait conclure à ſaint Auguſtin qu'il ne devoit pas se servir dans la fonction de son ministere de l'art de parler éloquemment qu'il avoit autrefois enseigné, puisqu'il dit formellement le contraire dans le passage que je viens de rapporter : *Cum sit in medio posita facultas eloquii, &c.*

2. Ce saint Docteur n'ignoroit pas que ce que dit S. Paul dans cet endroit, qu'il avoit fait profession de ne sçavoir que Jesus-Christ crucifié, marquoit seulement que c'étoit le fondement & le principal de ce qu'il avoit prêché aux Corinthiens, mais qu'on ne pouvoit pas appliquer cela à tous les Prédicateurs de l'Evangile qui ont succedé aux Apôtres ; comme s'ils avoient tous été obligez de ne sçavoir autre cho-

se que Jesus-Christ crucifié.

3. Reservant à la reflexion suivante de donner le vray sens de cet endroit entier de saint Paul, & m'arrestant seulement à cette parole, qu'il avoit fait profession de ne sçavoir que Jésus-Christ crucifié, je dis qu'il est clair que cela ne doit marquer que ce que l'on doit prêcher, & non la maniere dont on doit prêcher.

Il semble que vous confondiez souvent ces deux choses, quoiqu'il soit très-necessaire de les distinguer, sur tout quand il s'agit de sçavoir s'il est permis, ou non, de se servir de l'Eloquence humaine dans la prédication de l'Evangile, ce qui est le sujet de vôtre Discours. Car cette queſtion ne regarde certainement que la maniere dont on doit prêcher , & non ce que l'on doit prêcher.

Vous ne pouvez douter au moins que ce ne ſoit le ſentiment de ſaint Auguſtin, qu'il faut bien diſtinguer ces deux choſes, & que ce n'eſt que la derniere que l'on doit conſiderer pour juger ſi un diſcours eſt, ou n'eſt pas éloquent.

Les Paſſages de ce Pere rapportez dans la premiere Reflexion font aſſez voir l'un & l'autre. Il dit en parlant des Prédicateurs, qu'il y en a qui prêchent ſagement, mais qui n'ont pas le talent de le faire éloquemment. Or il entend par prêcher ſagement, ne rien dire qui ne ſoit vrai , ou qui ne foit bon, mais qu'il y en a d'autres qui prêchent fagement & Eloquemment. Ces deux fortes de Prédicateurs conviennent donc, en ce qu'ils ne prêchent tous deux que la vérité & ce qui eft utile à leurs auditeurs; mais ils ne conviennent pas en la maniere de prêcher; l'un le faifant éloquemment, & l'autre n'ayant pas le talent de le faire avec éloquence.

Il marque cette même diftinction en ceux qui parlent en public pour foûtenir l'erreur; car il dit qu'il y en a qui le font avec éloquence, & d'autres fans éloquence; mais que ces premiers font plus miferables que les autres; & qu'il vaut mieux dire la vérité fans éloquence, que de soûtenir l'erreur avec éloquence, mais que ce qui est plus à desirer , est qu'on puisse parler tout ensemble, *sapienter & eloquenter.* Vous voyez donc, Monsieur , que vôtre premiere raison contre l'éloquence des Prédicateurs, n'est pas soutenable.

IV.

La seconde a un peu plus d'apparence. Elle est prise de ce même Chap. 2. de la 1. aux Corinthiens, où saint Paul dit v. 1.
» Qu'étant venu vers eux pour
» leur annoncer l'Evangile de
» Jesus-Christ, il n'y étoit pas
» venu avec les discours subli-
» mes d'une Eloquence & d'u-
» ne sagesse humaine. Et au v. 4.
» Je n'ay pas, dit-il, employé en

vous parlant & en vous prê- «
chant, les difcours perfuafifs «
de la fageffe humaine ; mais «
les effets fenfibles de l'efprit «
& de la vertu de Dieu , afin «
que vôtre foy ne foit pas éta- «
blie fur la fageffe des hom- «
mes, mais fur la puiffance de «
Dieu. «

Il femble que rien ne peut
condamner plus fortement l'E-
loquence des Prédicateurs; il
faut bien cependant que faint
Auguftin ne l'y ait pas jugée
contraire , puifque s'il l'avoit
crû, il n'auroit pas loüé, comme il fait , les Prédicateurs
éloquens , & ne leur auroit
pas donné des regles pour bien
employer dans leurs Sermons
tous les genres d'Eloquence ,
jufqu'à marquer les occafions

où il s'étoit lui-même fervi du ftile fublime.

Que dirons-nous donc des paroles de faint Paul ? Nous dirons en un mot que cet Apôtre & les autres premiers Prédicateurs de l'Evangile ont eu des raifons d'en ufer ainfi, que n'ont pas eu ceux qui font venus après eux, & que l'on a encore moins en ce temps-cy. C'eft ce qu'ont remarqué les meilleurs Interpretes de faint Paul. En voici un qui eft fort eftimé & qui ne vous fera pas fufpect, puifqu'il eft imprimé avant que vous euffiez remué cette queftion, c'eft le celebre auteur de l'Analyfe fur les Epîtres de faint Paul. Voici donc ce qu'il dit fur les premiers verfets de ce Chap. 2. » S. Paul

reconnoiſt ſans façon que leur «
portant la parole de Dieu & «
l'Evangile de Jeſus-Chriſt , il «
ne s'étoit pas muni des diſcours «
ſublimes de la ſageſſe & de «
l'Eloquence humaine. 1. Par- «
ce qu'il ne crut pas avoir au- «
tre choſe à ſçavoir & à leur «
apprendre que Jeſus - Chriſt «
crucifié, matiere peu ſuſcepti- «
ble des raiſons de la Philoſo- «
phie & des beautez du langa- «
ge. 2. Parce que l'état de crain- «
te & de tremblement dans le- «
quel il avoit toûjours été par- «
mi eux, s'accordoit peu avec «
la pompe du diſcours. 3. Qu'ils «
n'y avoient rien perdu , puis «
qu'au lieu des diſcours perſua- «
ſifs, dont il n'avoit pas uſé, il «
avoit prouvé ce qu'il avançoit «
par l'effuſion du ſaint Eſprit, «

„ & par les miracles, comme par
„ autant de demonſtrations ſen-
„ ſibles. 4. Et que cela étoit né-
„ ceſſaire, afin que leur foy ne
„ fuſt pas fondée ſur la ſageſſe
„ & ſur l'Eloquence des hom-
„ mes, mais ſur la puiſſance de
„ Dieu.

Ces deux dernieres raiſons priſes de ce que ſaint Paul dit lui-même, font voir manifeſtement qu'on ne peut pas donner pour regle aux Prédicateurs de ce temps-ci, de ne pas employer d'Eloquence dans leurs Sermons, de ce que ſaint Paul dit ne s'en être pas ſervi en prêchant aux Corinthiens. Car on reconnoiſt ſans peine qu'on ſe peut paſſer de l'Eloquence, quand on peut prouver la vérité de ce que l'on

prêche par des guérifons mi-
raculeufes, & par des commu-
nications des dons du faint Efprit accompagnées de fignes
fenfibles, comme elles l'étoient
dans les premiers temps, où il
s'agiffoit d'établir la foy par-
mi toutes les Nations. Mais les
Prédicateurs de ce temps-ci
ne font plus dans cet état ; ils
trouvent la foy toute fondée,
& n'ont pas befoin pour l'établir d'avoir les dons des miracles. Leur principale fonction
eft de perfuader aux Chrétiens
de vivre felon leur foy, & c'eft
pour les y porter que faint Auguftin a fort bien jugé qu'ils
ne devoient pas négliger les
fecours qu'ils pouvoient tirer
de l'Eloquence humaine. C'eft
cependant fur cela que vous

vous élevez contre eux avec tant de force, que cela mérite bien une reflexion particuliere.

V.

Suppofant que vous avez bien prouvé par faint Paul, que les Prédicateurs ne doivent pas fe fervir de l'Eloquence humaine, vous vous en fervez vous-même pour en tirer cette éloquente conclufion : *Dieu qui n'abandonne pas fon Eglife, fait qu'il fe trouve encore des Prédicateurs qui fuivent ces faintes regles ; mais d'où vient qu'il y en a qui s'en écartent & qui prennent des routes toutes oppofées ? D'où vient que cette éloquence profcrite par faint Paul, s'eft emparée de la Chaire ? D'où vient*

qu'entre tant de leçons de ce saint
Apôtre , qui regardent le ministere Evangelique , on se croit
permis de manquer à celle qui est
le fondement de toutes , & dont
l'inobservation confond le Prédicateur avec l'Orateur prophane:
car hors la sainteté de la matiere, quelle difference voit-on d'un
Sermon de ces sortes de Prédicateurs, à un discours Académique ?

Que peut-on bâtir de solide
sur un fondement ruïneux ?
Vous prétendez que les Prédicateurs qui prêchent sans éloquence, suivent les saintes regles que saint Paul a établies,
& que ceux au contraire qui
prêchent éloquemment , s'en
écartent & prennent des routes
toutes opposées , & c'est sur cela

que vous demandez : *D'où vient que cette éloquence proscrite par saint Paul , s'est emparée de la Chaire ? D'où vient qu'entre tant de leçons de ce saint Apôtre qui regardent le ministere Evangelique , on se croit permis de manquer à celle qui est le fondement de toutes ?*

Mais trouvez bon , Monsieur, que je vous demande à mon tour : D'où vient que saint Augustin a été sur cela d'un avis tout contraire au vôtre ? D'où vient que de deux Prédicateurs qui ne disent tous deux que ce qui est vrai & ce qui est bon , ce qu'il appelle prêcher avec sagesse : *Dicere sapienter :* il préfere à celuy qui le fait sans éloquence , celuy qui le fait avec éloquence,

comme étant plus capable de
servir à ses Auditeurs ? D'où
vient qu'il trouve bon qu'un
Prédicateur veüille parler éloquemment, & non seulement
avec sagesse ? D'où vient qu'il
marque clairement qu'il n'entend point par là une éloquence qui vienne de la nature,
mais qui s'acquiert par l'étude ? & qu'il témoigne qu'on
l'acquiert mieux en s'appliquant à la lecture des Auteurs
éloquens, que dans l'école des
Rheteurs ? Vous trouverez tout
cela dans ce Passage. *Huic ergo qui sapienter debet dicere etiam
quod non potest eloquenter, verba scripturarum tenere maximè
necessarium est........ Porrò qui
non solum sapienter, verum etiam
eloquenter vult dicere, quoniam*

profectò plus proderit si utrumque potuerit ; ad legendos vel audiendos & exercitatione imitandos eloquentes eum mitto libentiùs, quam magistris artis vacare præcipio.

Ce Saint ne croit donc pas que vouloir parler, non seulement avec sagesse, mais aussi avec éloquence, ce fut *prendre une route toute opposée à celle que saint Paul nous a marquée, & que ce fut manquer à celle de tant de leçons de ce saint Apôtre, qui est le fondement de toutes les autres qu'il a données touchant le ministere Evangelique.*

Tout ce que vous pourriez dire, Monsieur, est qu'il pourroit y avoir en cela de l'équivoque, l'éloquence que saint Augustin approuve n'étant pas

la

la même que celle que vous
improuvez , comme ayant été
proscrite par saint Paul ; & c'est
ce qui revient à ce que vous
dites à la fin de vôtre Avertissement, que vous ne condamnez que la mauvaise éloquence, & non pas la bonne ; mais
quoy que vous disiez à la fin
de vôtre Préface (dequoy nous
parlerons en son lieu) il pa-
roist que dans la Premiere &
Seconde Partie , l'Eloquence
que vous condamnez, comme
ne devant point avoir lieu dans
le ministere de la parole divine, est celle que vous appellez éloquence humaine, celle
dont saint Paul dit ne s'être
pas servi ; celle que saint Augustin avoit enseignée , qui
s'apprend par art & par préce-

D

pte. Or c'eſt cela même que ce ſaint Docteur approuve ; comment donc pourrez - vous être d'accord avec lui ?

Il ne faut de plus, pour ſçavoir quelle éloquence vous voulez bannir de la Chaire, que conſiderer ce que vous repréſentez comme un grand inconvenient. C'eſt, dites-vous, que l'inobſervation de ce que vous appellez une regle établie par ſaint Paul, qui eſt de ne pas prêcher éloquemment, *confond le Prédicateur avec l'Orateur prophane ; car hors la ſainteté de la matiere, quelle difference voit - on d'un Sermon de ces ſortes de Predicateurs, à un diſcours Académique ?*

Il n'y a pas d'apparence que dans la comparaiſon que vous

faites des Orateurs prophanes
avec le Prédicateur éloquent
que vous censurez, vous ayez
entendu de méchans Orateurs,
que les Payens même les plus
paſſionnez pour l'Eloquence,
n'auroient pû ſouffrir; ni que
quand vous comparez un diſcours Académique avec un de
ces Sermons qui ne vous plai-
ſent pas, vous ayez voulu donner ce nom de Diſcours Académique à une chetive piéce,
où l'on n'auroit pas gardé les
regles de la véritable éloquence, mais qui auroit été pleine
de ces faux brillans dont le
bon ſens s'irrite. Ce n'eſt pas
aſſurément vôtre penſée, & on
vous feroit tort de vous l'im-
puter. Vous avez eu ſans doute en veuë Ciceron, Demoſte-

ne, & tant d'autres grands Orateurs qui ont employé leur éloquence fur des fujets prophanes, quand vous avez propofé comme un grand inconvenient, que ces fortes d'Orateurs puffent être confondus avec les Predicateurs de l'Evangile. Et il eft clair auffi que ce que vous avez voulu que nous conçuffions par un Difcours Académique, duquel vous trouvez mauvais qu'un Sermon ne foit different que par la fainteté de la matiere, eft quelqu'un de ces beaux difcours qui fe font dans vôtre Académie fur des fujets qui ne regardent pas la Religion. Or loin qu'il y ait de l'inconvenient dans la reffemblance entre ces pieces d'élo-

quence & un bon Sermon, on
vous peut soûtenir sans crainte que cela doit être ainsi, &
que c'est le jugement que vôtre illustre Académie en fait
tous les deux ans quand elle
ajuge le prix à celui qui a le
mieux réüssi sur une matiére
sainte. J'en prends pour exemple le Discours fait par feu
Monsieur le Tourneux sur ces
paroles de Jesus-Christ, *Mar-*
tha, Martha sollicita es, &c. Plusieurs autres personnes en a-
voient fait aussi sur ces mêmes
paroles. Quelles regles suivit
donc vôtre Académie pour lui
ajuger le prix plûtost qu'à d'autres? La sainteté du sujet leur
étoit commune à tous; ils ne
pûrent donc préferer son Discours à ceux des autres, que

parce qu'ils le trouverent plus conforme aux véritables regles de l'Eloquence, qui est la plus noble des fonctions à laquelle s'occupe vôtre illustre Corps.

Dira-t-on que c'est un Discours Académique, & qu'ainsi il a dû être éloquent; mais si ce même Discours avoit été prêché, auroit-ce été un méchant Sermon? Non certainement; & une preuve de cela est que les Sermons que ce pieux Ecclesiastique fist depuis à saint Benoist, & qui furent si estimez de Paris & de la Cour, étoient de ce même style. Et on en peut dire la même chose de l'explication des Epistres & des Evangiles dans son Année Chrétienne, qui auroient été certainement de fort bons Sermons, si on les avoit prêchez.

VI.

Voici encore un autre endroit qui peut faire juger quelle Eloquence vous voulez bannir de la Chaire.

Paroist-il, dites-vous, *dans les Sermons, quelque trace de cette simplicité adorable des Discours de Jesus-Christ?* Mais saint Augustin nous a appris que la maniere dont les Pasteurs de l'Eglise prêchent l'Evangile, a dû être differente de cette simplicité des Discours du Sauveur, aussi bien que de l'Eloquence toute divine des Ecrivains Canoniques.

Prendroit-on, ajoûtez-vous, *le Prédicateur pour un homme qui n'attend la conversion des cœurs que de la vertu invisible de la grace? paroist-il qu'il est persuadé qu'il ne peut planter & arroser? que ni celuy qui plante, ni celuy qui arrose ne font rien? & que c'est Dieu seul qui donne l'accroissement? S'y prendroit-il autrement, quand il seroit persuadé que c'est à luy à tout faire?*

Mais comment, Monsieur, ne vous êtes-vous pas apperçû que si ce que vous dites prouvoit quelque chose, ce ne seroit pas la mauvaise éloquence que vous banniriez de la Chaire, mais celle qui est la plus propre à persuader, ce qui est la définition même de la bonne éloquence. Car plus un homme croiroit que c'est à luy à tout faire en portant

les

les pecheurs à ſe convertir à
Dieu ; plus il auroit ſoin de
prendre les momens les plus
propres à réüſſir dans ce deſſein. Or la bonne éloquence y
eſt plus propre que la mauvaiſe; c'eſt donc la bonne éloquence qu'il y devroit employer,
& non pas la mauvaiſe. Or
vous ne voulez pas qu'un Prédicateur Evangelique prêche,
comme prêcheroit un homme
qui croiroit que c'eſt à luy à
tout faire. Vous ne voulez
donc pas qu'il employe dans
ſes Sermons aucune éloquence, pas même celle que ſaint
Auguſtin recommande avec
tant de ſoin à ceux qui veulent travailler au ſalut des ames
par la prédication de l'Evangile.

E

Mais il eſt étonnant, Monſieur, qu'étant ſi bien inſtruit des veritez de la grace, vous ayez pû vous imaginer que lors qu'on eſt fortement perſuadé que c'eſt de ſon efficacité que l'on doit attendre la converſion des pecheurs, on ſoit moins porté à y faire de ſa part tout ce qui peut contribuer à cette converſion.

C'eſt une fauſſe conſequence que les ennemis de la grace tiroient de cette doctrine pour la décrier : Si c'eſt la grace qui fait tout, diſoient quelques Moines d'Adramet, pourquoy nous reprend - on quand nous avons fait quelque faute ; ne ſuffit-il pas que l'on prie Dieu pour nous, afin qu'il nous convertiſſe ? Vous fçavez ce que dit là-deſſus ſaint Auguſtin dans ſon Livre de la Correction & de la Grace.

Mais pour ne parler que de la Prédication ; C'eſt de ſaint Paul même que nous avons appris „ que c'eſt Dieu qui ope- « re en nous le vouloir & le fai- « re ſelon ſon bon plaiſir; que « c'eſt luy qui nous applique à « toute bonne œuvre, en faiſant « en nous ce qui luy eſt agréa- « ble ; & que c'eſt luy qui déli- « vre les pecheurs de la capti- « vité du demon, par le don « qu'il leur fait de la penitence. « En a-t'il moins prêché avec force pour retirer les Payens de l'idolâtrie, & les Juifs de leur incrédulité ? En a-t'il moins exhorté ſon diſciple à l'imiter ? Ne luy a-t'il pas dit :

„ Annoncez la parole : preſſez
„ les hommes à temps, à contre-
„ temps ; Reprenez , ſuppliez ;
„ menacez , ſans vous laſſer ja-
„ mais de les tolerer & de les
„ inſtruire : car il viendra un
„ temps que les hommes ne pour-
„ ront plus ſouffrir la ſaine do-
„ ctrine.

En feroit - on davantage
quand on feroit perſuadé que
tout dépend de nous ? Il n'y
a donc pas de difference pour
ce qui eſt du travail , entre
ceux qui feroient dans cette
erreur , & ceux qui font les
plus affermis dans la verité oppoſée : Mais ce qui les diſtin-
gue, c'eſt que les premiers font
par orgüeil & en s'attribuant le
ſuccès de leur prédication, ce
que les derniers font avec hu-

milité & en reconnoiffant qu'ils ne font rien, qu'ils ne peuvent rien, & que c'eft Dieu qui fait tout par eux, & qu'il n'y a que luy qui donne l'ac-croiffement à ce qu'ils ont planté & arrofé.

C'eft après tout, ce que vous leur accordez, de planter & d'arrofer ; & il n'en faut pas davantage pour renverfer vô-tre éloquente prédication contre l'éloquence des Prédica-teurs. Car fi on veut fçavoir ce que c'eft que planter & ar-rofer, à l'égard du miniftere de la parole de Dieu, on le peut apprendre de ce paffage de faint Auguftin, dont j'ay déja rapporté la fubftance. Le Docteur Chrétien, dit-il, « qui explique l'Ecriture, qui «

» deffend la vraie foy & com-
» bat l'erreur, doit enseigner le
» bien & détourner du mal, &
» doit avoir en veuë dans ses
» discours de se concilier ceux
» qui auroient de l'opposition à
» ce qu'il leur veut persuader,
» & encourager ceux qui seroient
» tiedes & lâches, & faire com-
» prendre dequoy il s'agit à ceux
» qui ne le sçavent pas. S'il a trou-
» vé ses Auditeurs affectionnez,
» attentifs, dociles, ou qu'il les
» ait rendu tels, il doit se con-
» duire selon que le demande
» ce qu'il a à faire. Lors que
» les Auditeurs doivent être in-
» struits de ce qu'ils ne sçavent
» pas, on doit le leur exposer
» clairement. Pour leur rendre
» certaines les choses dont ils
» doutent, il faut raisonner & les

leur prouver. Que si ceux de- «
vant qui on parle n'ont pas be- «
soin qu'on les instruise , mais «
seulement qu'on les excite, & «
qu'on les fasse sortir de leur «
engourdissement, qui les em- «
pêchent de pratiquer les vé- «
ritez qu'ils connoissent ? C'est «
là que sont necessaires les sup- «
plications , les reproches , les «
figures vehementes , capables «
de donner du mouvement à «
ceux qui n'en ont point, & «
d'arrêter ceux qui en ont trop, «
& tout le reste qui peut enle- «
ver l'esprit & gagner le cœur. «

Ce Saint ajoûte, que presque
tous ceux qui parlent & qui
veulent persuader, font quelque chose de cela ; mais que
les uns le font grossierement,
desagréablement, froidement,

E iiij

obtusè , *deformiter* , *frigidè* ; & les autres le font ingénieuſe- ment , agréablement , forte- ment , *acutè* , *ornatè* , *vehemen- ter.*

On ne peut douter que ce ne ſoit au défaut de l'Eloquen- ce qu'il attribuë ces trois dé- fectueuſes manieres de parler en public, *obtusè* , *deformiter* , *frigidè :* puiſque c'eſt certaine- ment à l'Eloquence qu'il attri- buë les trois dernieres qu'il leur oppoſe : *acutè* , *ornatè* , *ve- hementer* , qui ſe rapportent à ces trois genres : *ſubmiſſum* , *tem- peratum* , *grande.* C'eſt ce qui paroiſt clairement par le paſſa- ge dont j'ay déja parlé , & que pour cette raiſon je mettray ſeulement en latin : *Non ſanè ſi dicenti crebriùs & vehemen-*

*tiùs acclametur, ideo granditer
putandus eſt dicere : hoc enim &
accumina ſubmiſſi generis & or-
namenta faciunt temperati : grande autem genus plerumque pondere ſuo voces premit, ſed lacrymas exprimit.* n. 53.

Mais reprenant les nombres
6. & 7. où il marque les devoirs d'un Orateur Chrétien,
aufli-toſt après ce que nous en
avons rapporté; il dit ce qu'il
a répété plus d'une fois dans
ce Livre : „Que celuy qui prê- «
che avec ſageſſe, c'eſt-à-dire, «
qui ne dit rien que de vrai «
& de bon, mais qui n'a pas le «
talent de prêcher avec élo- «
quence, profite moins à ſes «
Auditeurs, que s'il pouvoit «
prêcher éloquemment auſſi bien «
que ſagement. «

VII.

Rien n'eſt plus raiſonnable que ce qu'enſeigne S. Auguſtin dans le Paſſage que je viens de rapporter. Quand un Orateur entreprend d'inſtruire ceux à qui il parle d'une vérité qu'il ſuppoſe ne leur être pas aſſez connuë, il doit marquer bien clairement ce que c'eſt qu'il leur veut perſuader, de peur que n'ayant pas d'idée claire & diſtincte de ce qu'on leur veut prouver, ils ne demeurent incertains ſi on le leur a bien ou mal prouvé.

Or c'eſt une des choſes, Monſieur, que je vous ay déja dit qui me faiſoit de la peine dans cette partie de vôtre A-

vertiſſement, qui commence à
l'onziéme page : Vous y faites
aſſez entendre que vous trouvez à redire que l'éloquence
humaine ſe ſoit emparée de la
Chaire , mais on ne ſçait pas
trop bien ce que vous entendez par cette éloquence humaine que vous en voulez bannir ; car les reflexions précedentes font voir, ce me ſemble , aſſez clairement que les
preuves que vous employez
pour ſoûtenir vôtre ſentiment,
ou ne prouvent rien du tout,
ou prouvent qu'il eſt du devoir d'un Prédicateur Evangelique de n'être pas éloquent;
& c'eſt , Monſieur , ce que je
vous ay fait voir être directement contraire à ce que ſaint
Auguſtin nous enſeigne dans

un Livre entier. Ce n'eſt qu'à
la 15. page que vous vous ex-
pliquez d'une autre maniere ;
car vous y dites des choſes qui
peuvent faire croire que ce
n'eſt qu'à la mauvaiſe éloquence que vous en voulez.

C'eſt donc ce que nous a-
vons à examiner , ſi cela ſe
peut accorder avec ce que
vous aviez dit auparavant, &
ce que vous répetez encore
dans la ſuite. Voicy vos paroles : *Que veulent dire ces anti-
theſes & ces metaphores perpetuelles ? ces jeux de mots , ces
tours, ces traits d'eſprit, ces deſ-
criptions, ces portraits , juſques
ſur des choſes où il ne faut que
bien peindre le mal pour l'inſpi-
rer ? ces recherches ſi fines & ſi
curieuſes , qui nous découvrent*

& nous dépeignent le jeu de nos passions & de nôtre amour propre ; mais d'une maniere qui bien loin de nous en guérir, ne fait que nous les rendre plus aimables ?

Ce que vous dites à la fin : qu'il y a des Prédicateurs qui dépeignent tellement le jeu de nos passions, qu'ils les rendent aimables au lieu de les guerir, est assurément une fort méchante chose ; mais on a de la peine à croire qu'il y en ait ; & s'il y en a, comme ce ne pourroit être qu'en fort petit nombre, ils ne pourroient pas être propres à justifier la plainte que vous faisiez, qu'une Eloquence contraire à la simplicité de l'Evangile & aux regles données par saint Paul, s'étoit emparée de la Chaire.

Ce que vous dites de ces antithefes, de ces métaphores perpetuelles , de ces jeux de mots , & des autres défauts femblables des faux éloquens, n'y eft pas plus propre. Car qui a jamais douté que ce que les Orateurs prophanes , quelques amoureux qu'ils fuffent de l'Eloquence , n'auroient pû fouffrir , ne doive être condamné dans des Orateurs Chrétiens? Ce n'eft donc pas dequoy il s'agit , on n'a qu'à relire les Reflexions précedentes pour en être perfuadé.

C'eft comme fi quelqu'un prétendoit qu'il ne faut point s'étudier en prêchant à bien raifonner & à porter de bonnes preuves de ce qu'on avance, comme

font les sages du monde, parce que cela paroît contraire
à ce que dit saint Paul, qu'il
n'avoit pas employé en parlant
aux Corinthiens, & en leur
prêchant « ces discours per-
suasifs de la sagesse humaine, «
mais les effets sensibles de l'es- «
prit & de la vertu de Dieu. «
Un homme qui auroit avancé
ce paradoxe, seroit-il reçû à
dire qu'il n'a voulu par là bannir de la Chaire que les mé-
chantes preuves & les faux
raisonnemens, dont il peut
arriver que quelques Prédicateurs se servent dans leurs
Sermons ? Il falloit donc au
moins que vous eussiez averti
d'abord que vous ne parliez
que de la fausse éloquence, ou
plûtost qu'imitant saint Augu-

ſtin que vous preniez pour vôtre modele, vous euſſiez, comme luy, recommandé l'Elo-
quence aux Prédicateurs, &
qu'après en avoir marqué les
principales regles, comme il
a fait en les prenant même des
Autheurs Payens, vous euſſiez
enſuite averti des deffauts qui
s'y pouvoient gliſſer, & qu'un
Prédicateur Chrétien devoit
encore éviter avec plus de ſoin
que les Orateurs prophanes.
Cela vous auroit moins coûté
que ce que vous dites dans
vôtre Préface ; car vous auriez
trouvé des choſes admirables
ſur ce ſujet dans le dernier
Livre de la Doctrine Chrétienne de vôtre Saint, & vous n'auriez mécontenté perſonne : au
lieu qu'il eſt à craindre que
vous

vous étant mal expliqué, tous les Prédicateurs qui paſſent pour éloquens, ne prennent comme dit contre eux, tout ce que vous avez dit contre l'Eloquence : *que l'on ne peut employer dans le miniſtere Evangelique, ſans manquer à une regle de ſaint Paul, dont l'inobſervation confond le Prédicateur avec l'Orateur prophane.*

VIII.

Après avoir dit ce que nous venons de rapporter, qui ne peut intereſſer que les faux éloquens, ce que vous ajoûtez auſſi-toſt après ne fait rien, ni contre la vraye ni contre la fauſſe éloquence. *Faut-il s'é-tonner, dites-vous, ſi on ne voit aucun fruit de ces ſortes de Ser-*

mons ? Car est-ce donc là cette fo-
lie de la Prédication , à quoy il
a plû à Dieu d'attacher le salut
des hommes ? & n'est-ce pas plû-
tost cette sagesse des Sages que
Dieu nous déclare qu'il perdra ?

Je vous soûtiens, Monsieur, que ce que saint Paul dit de la folie de la Prédication, ne regarde ni la vraye Eloquence ni la fausse, ni le défaut d'Eloquence. Car voicy les paroles de l'Apôtre : *Nam quia in Dei sapientia non cognovit mundus per sapientiam Deum : placuit Deo per stultitiam prædicationis salvos facere credentes.* Or il ne s'agit pas dans ce Passage de la maniere dont on doit prêcher, mais ce que l'on doit prêcher pour sauver ceux qui croiroient. C'est ce qui est

1.Cor. 1. 21.

fort bien marqué dans l'analyfe fur cette Epiftre dont j'ay
déja parlé. « La Sageſſe de «
Dieu dont les traits brillent «
par tout dans le monde , n'a «
été apperceuë que d'un petit «
nombre de Philoſophes ; elle «
n'a reçû d'aucun d'eux la gloi- «
re qui luy étoit deuë , & elle «
n'a pas produit en eux aucun «
fruit d'une véritable conver- «
ſion. La ſageſſe humaine n'ayant «
donc été d'aucun uſage au «
monde, qui conſiſte en partie «
dans la vraye connoiſſance de «
Dieu: & afin de la confondre, «
il luy a plû de ſauver les fi- «
deles par la folie de la Prédi- «
cation, c'eſt-à-dire, par la Pré- «
dication d'un Dieu crucifié , «
qui a l'air & l'apparence d'u- «
ne pure folie.   «

F ij

Vous pouvez voir, Monsieur, cette même pensée de faint Paul développée d'une maniere plus étenduë, & admirablement expliquée par M. l'Evêque de Meaux dans fon Difcours fur l'Hiftoire Univerfelle. 2. *p. n.* 11.

I X.

On peut avec plus de raifon appliquer à l'Eloquence ce que vous dites enfuite. Mais vous n'en pouvez tirer aucun avantage, à moins que vôtre deffein ne foit de bannir toute éloquence de la Chaire, contre le fentiment de faint Auguftin, qui la recommande fi fort aux Prédicateurs.

Un Dieu jaloux de fa gloire pourroit-il accompagner de la ver-

tu interieure de fa grace ces efforts de l'art & de l'éloquence ;
& operer la converfion des cœurs
par de tels moyens ? Ne feroit-ce
pas donner occafion à l'homme de
dire : C'eft la hauteur & la force de mon bras qui a fait toutes
ces grandes chofes ?

Avez-vous bien penfé, Monfieur, à ce que vous dites, que
Dieu étant jaloux de fa gloire, ne pourroit pas accompagner de la vertu intérieure de
fa grace le Sermon d'un Prédicateur qui auroit employé
tous les efforts de l'art & de
l'Eloquence pour toucher des
pecheurs qu'il prefferoit de fe
convertir. Un feul exemple
peut fuffire pour montrer combien cette penfée eft mal fondée. Jamais perfonne n'a été

plus perſuadé que ſaint Auguſtin, de la neceſſité de la grace interieure pour la converſion du pecheur ; jamais perſonne auſſi n'a été plus éloigné que luy de l'attribuer à ſon induſtrie.

Que devoit-il donc faire s'étant trouvé dans une Ville d'Afrique, où il y avoit une pernicieuſe coûtume de ſe battre à coups de pierre pluſieurs jours de ſuite en un certain temps de l'année, où chacun tuoit ceux qu'il pouvoit, ſans épargner même ſes propres parens. Touché de cette inhumaine barbarie, il entreprit de l'abolir par un Sermon qu'il leur fit ; mais il ſe devoit bien garder, ſi on vous en croit, d'y employer les efforts de l'art

3 & de l'Eloquence , de peur
» d'empêcher que Dieu n'ac-
» compagnaſt ſon diſcours de ſa
» grace intérieure. Cependant
bien loin d'avoir cette crain-
té, ne connoiſſant rien de plus
grand ni de plus perſuaſif dans
l'Eloquence que ce qu'il appelle le genre ſublime , comme il le declare luy-même en
divers endroits de ce Livre , il
témoigne qu'il y employa tout
ce qu'il avoit pû trouver de
plus grand & de plus fort dans
ce genre d'éloquence pour ar-
racher du cœur de ce peuple
l'attache qu'il avoit à une coûtume ſi cruelle : *Egi quidem
granditer quantum valui ut tam
crudele atque inveteratum ma-
lum de cordibus & moribus eorum avellerem pelleremque di-*

*cendo : non tamen aliquid egisse
me putavi, cum eos audirem ac-
clamantes, sed cum flentes vide-
rem.* C'eft pour prouver ce qu'il
avoit dit auparavant, qu'il n'y
a que le genre fublime, qu'il
marque fouvent par ces mots :
granditer dicere, qui puiffe tellement remuer ceux à qui on
parle, que cela aille jufqu'à
leur faire répandre des larmes.
C'eft pourquoy il dit que quand
il les vit pleurer, il crut les
avoir convertis, & en alla re-
» mercier Dieu. » En effet, dit-
» il, depuis ce Sermon, il y a
» déja plus de huit ans que,
» graces à Dieu, ils n'ont pas eu
» la penfée de rien faire de fem-
» blable.

Ce Saint n'a donc pas crû,
comme vous voyez, Monfieur,
que

que prêcher le plus éloquemment que l'on peut, c'est-à-dire, « y employer les plus grands «
efforts de l'art & de l'Eloquen- «
ce, ce fût mettre un empêche- «
ment à la grace interieure, ni «
que ce fût donner une occa- «
sion à l'homme de dire : C'est «
la hauteur & la force de mon «
bras qui a fait toutes ces gran- «
des choses. «

Mais on peut encore tirer
de ces dernieres paroles tout
le contraire de ce que vous
prétendez. Car ce fut ce que
Dieu deffendit aux Israëlites
de dire à l'égard de la con-
queste de la Terre Sainte. Cependant étoient-ils obligez
pour en donner toute la gloire
à Dieu de ne pas combattre
tous les Habitans de cette Ter-
G

re , ou de ne les combattre que
lâchement? C'eſt ce qu'ils ne fi-
rent pas certainement ſous la
conduite de Joſué, ne doutant
point que Dieu ne les en duſt
rendre Maîtres ſelon la pro-
meſſe qu'il en avoit faite à
leurs ayeux , ils ne laiſſerent
pas de combattre avec autant
de valeur que s'ils n'euſſent dû
cette conqueſte qu'à la force
de leurs bras. L'application en
eſt trop facile, vous me diſ-
penſerez de la faire.

X.

Ne peut-on pas dire, Mon-
ſieur, que vous voulez recüeil-
lir où vous n'avez pas ſemé ,
quand vous finiſſez la premiere des trois Parties de vôtre
Diſcours ſur l'Eloquence des

Prédicateurs, par cette éloquente conclusion.

Tant de declarations si expres-
ses de l'Ecriture contre cette maniere prophane d'exercer un ministere si saint ; tant de préceptes
si formels, appuyez de l'exemple
de Jesus-Christ même & de ses
Apôtres, & si religieusement ob-
servez par les Saints des premiers temps, auroient dû être
plus que suffisans pour tenir les
Prédicateurs dans la simplicité
de l'Evangile, qui leur présente
tout à la fois, & les veritez
qu'ils doivent dire, & la maniere de les dire. Car quand Dieu
parle, est-il permis à l'homme
de raisonner ? Et comment a-t'il
pû être assez hardi pour croire
que la voye que Dieu luy marque, n'est pas la bonne ; & qu'il

trouveroit quelque chose de meilleur ?

Tenir les Prédicateurs dans la simplicité de l'Evangile, en supposant *qu'il leur représente tout à la fois, & les veritez qu'ils doivent dire, & la maniere de les dire ;* c'est vouloir bannir de la Chaire, non seulement cette fausse éloquence dont vous aviez donné un échantillon ; mais toute éloquence qui se peut apprendre par art & par étude, ou par l'imitation des Orateurs vraiment éloquens, telle qu'est celle que je vous ay fait voir avoir été si hautement loüée & recommandée par saint Augustin dans son quatriéme Livre de la Doctrine Chrétienne. Cependant oseriez-vous

dire qu'une maniere de prêcher approuvée par ce faint
Docteur, *est une maniere prophane d'exercer un miniftere fi
faint ?* Oferiez - vous dire que
ce que ce Pere a cru fi utile
pour propofer aux fideles des
veritez du falut, pour les leur
faire écouter agréablement, &
pour les leur faire pratiquer
malgré la repugnance de la
nature corrompuë, eft condamné *par tant de declarations de
l'Ecriture, & par tant de préceptes fi formels , appuyez de l'e-
xemple de Jefus-Chrift & des
Apôtres,* que vous ayez eu droit
de vous récrier : *Quand Dieu
parle, eft-il permis à l'homme de
raifonner ? & comment a-t'il pû
être affez hardi pour croire que
la voye que Dieu luy marque n'eft*

pas la bonne, & qu'il trouveroit quelque chose de meilleur ?

Pour ce qui est de l'exemple de Jesus-Christ & des Apôtres, je n'ay rien a ajoûter à ce que je vous en ay dit dans les Reflexions précedentes. Mais ne craignez-vous point, Monsieur, que quelqu'un de ces Prédicateurs éloquens que vous censurez avec tant de vehemence, ne se récrie à son tour, saint Augustin ayant parlé si avantageusement de l'utilité de l'éloquence dans la Prédication de l'Evangile. Est-il permis à un homme qui se fait honneur d'être de ses disciples, de raisonner contre son Maître, & de luy opposer des Passages de l'Ecriture qu'il a dû croire que ce Saint a mieux entendu que

luy ? Et comment a-t'il pû être
affez hardi pour s'imaginer que
la voye que ce faint Docteur
a marquée dans un Livre fait
exprès, comme la plus avan-
tageufe pour profiter à ceux à
qui on annonce la parole de
Dieu, n'eft pas la bonne, &
qu'il a trouvé quelque chofe
de meilleur ?

Trouvez bon, Monfieur, que
je finiffe par là mes Reflexions
fur vôtre Premiere Partie, &
que je paffe à la Seconde.

G iiij

REFLEXIONS SUR LA
Seconde Partie du Discours sur l'Eloquence des Prédicateurs.

XI.

VOus entreprenez, Monfieur, de prouver par la raison dans cette Seconde Partie, ce que vous prétendez avoir établi dans la Premiere par l'autorité de l'Ecriture. C'eſt ce que vous vous propoſez d'y traiter en la commençant en ces termes :

Mais à conſulter la raiſon même, on trouve que la maniere de traiter les choſes ſaintes qui nous eſt preſcrite dans l'Ecriture, eſt la ſeule qui puiſſe reüſſir, & ce n'eſt que pour n'avoir pas aſſez connu l'homme, ni la nature de ce que l'on prêche, qu'on s'eſt mépris ſur ce ſujet.

Ainſi des vingt pages que contient cette Partie, vous en employez dix à expliquer ce que c'eſt que l'homme. Ce qui ſe réduit à nous dire, qu'il eſt compoſé de diverſes facultez que bien des gens ne démeſlent pas aſſez, qu'il y a en luy de la raiſon & de l'intelligence, mais qu'il y a auſſi de l'imagination.

Et vous employez les dix autres à avertir les Prédicateurs de nôtre temps que leur Eloquence nuit beaucoup à leurs Auditeurs, parce qu'elle n'eſt propre qu'à donner plus de vivacité à leur imagination : ce qui les rend plus incapables de bien connoître *ce qu'on leur doit prêcher, qui font des chofes invifibles, fpirituelles, & infiniment éloignées de tout ce qui a rapport aux fens.*

Je vous avouë, Monfieur, que j'ay bien des difficultez à vous propofer fur ces deux points. Car pour le premier, une grande partie de ce que vous dites de la difference que l'on doit mettre entre l'intelligence & l'imagination, ne me paroît pas veritable; & pour le fecond, que cela foit vrai ou faux, je ne voy pas que l'on en puiffe rien conclure pour ou contre l'éloquence des Prédicateurs de ce temps.

Avant que d'examiner ce que vous dites de l'intelligen-

ce & de l'imagination , permettez-moy de vous propofer
ce que je penfe.

Nôtre ame ou nôtre efprit
(ce qui s'exprime plus heureufement en latin par le mot de
mens) fe peut confiderer en
elle-même , ou felon l'union
qu'elle a avec le corps.

Selon ce qu'elle eft en elle-
même , elle a deux facultez :
L'entendement, qui a le vray
pour fon objet;& la volonté,qui
a pour le fien ce qui eft bon.

Selon qu'elle eft unie au
corps, elle a d'autres facultez:
Les fens interieurs & exterieurs : les appetits naturels,
comme la faim, la foif, &c. &
les paffions , comme l'amour,
la haine, la joye, la trifteffe.

Or l'intelligence dont vous

parlez tant luy appartient, selon ce qu'elle est en elle-même, au lieu que l'imagination dépend de l'union qu'elle a avec le corps : & c'est une des principales de ces facultez que j'ay appellé les sens intérieurs.

Mais pour bien distinguer l'intelligence d'avec l'imagination, ce que vous croyez être de grande importance; il ne les faut pas regarder comme deux substances; mais comme deux differentes modifications de nôtre ame.

On appelle donc intelligence ou intellection, la perception qu'a nôtre ame d'autres objets qu'elle ne connoît qu'ensuite des traces qu'ils ont faites dans le cerveau.

Selon ce qui vient d'être dit,

& ce que tout le monde avouë, que le propre de l'imagination est de faire concevoir les objets sous des images corporelles tracées & comme peintes dans le cerveau. Il est aisé de juger ce qui appartient ou ce qui n'appartient pas à cette faculté.

1. Elle n'a pour objet que les choses corporelles & même sensibles. Car une chose corporelle qui ne seroit pas sensible, ne pourroit être imaginée. Par exemple, je sçay par le moyen d'un Microscope, qu'il y a un animal un million de fois plus petit qu'un ciron. J'ay beau le sçavoir par raison & par intelligence, je ne sçaurois me l'imaginer.

2. Ce ne sont que les corps

particuliers qui peuvent être
l'objet de l'imagination : Par
exemple , je puis m'imaginer
un triangle en particulier peint
fur du papier, mais comme il
eſt impoſſible de peindre un
triangle en géneral ; il eſt impoſſible auſſi que l'image d'un
triangle en général puiſſe être
tracée dans nôtre cerveau. Ce
n'eſt donc que par raiſon &
par intelligence que nous concevons les choſes en général,
& elles ne ſont nulle part ailleurs que dans nôtre entendement , parce qu'elles ne ſont
générales que par des abſtra-
ctions que le ſeul entendement peut faire ; & c'eſt ce
qui fait dire aux Philoſophes :
*Univerſalia ſunt tantum in in-
tellectu.*

3. Par la même raison les nombres nombrez, pour parler ainsi, trois hommes, trois chevaux, dix piftoles peuvent être imaginez, pourveu qu'ils ne foient pas extrêmement grands: mais les nombres abftraits qui peuvent s'appliquer à toute forte de chofes fans qu'on les applique à aucune en particulier ne font pas l'objet de l'imagination, mais feulement de l'intelligence.

4. Il en eft de même de la Simmetrie, des Rapports & des Proportions. Nous pouvons bien concevoir par l'imagination le fondement des rapports; mais ce re peut être que par l'intelligence que nous concevons les rapports mêmes & les proportions: Par exem-

ple, on me montre trois poids,
l'un de quatre livres, l'autre de
fix , & le troisiéme de neuf.
Je conçois tout cela par l'imagination ; mais fi on me dit
qu'il y a une proportion con-
tinuë entre ces trois poids, le
premier étant au deuxiéme,
comme le deuxiéme eft au troifiéme, c'eft ce que je ne puis
concevoir que par l'intelligence, & non par l'imagination.

5. Nôtre ame comme pen-
fante, a trois opérations : Concevoir, Juger, Raifonner. Imaginer n'eft qu'une efpece de
la premiere de ces trois opérations : C'eft-à-dire, que c'eft
une maniere de concevoir par
des images tracées dans le cerveau, diftinguée d'une autre
maniere de concevoir, qu'on
appelle

appelle intelligence, pour laquelle nôtre ame n'a pas besoin de ces images.

Mais pour ce qui est de juger & de raisonner, il n'y a rien dans l'imagination qui ait rapport à ces deux operations, quoy que nôtre ame juge & raisonne souvent sur ce qu'elle a conceu par l'imagination; car juger, c'est affirmer : comme quand je dis A est B. Or je puis bien avoir conceu A & B, par l'imagination ; mais pour l'affirmation qui est signifiée par le verbe substantif *est*, c'est une action de mon esprit dont il est impossible qu'il y ait aucune image corporelle dans mon cerveau. Il est donc impossible que cette affirmation soit imaginée ; & par con-

H

fequent il n'y a rien dans l'i-
magination qui réponde à ces
actes de nôtre ame : juger &
raifonner.

6. La difference effentielle
entre les eftres penfans & les
eftres non penfans, eft que les
premiers connoiffent ce qu'ils
font, & que les derniers ne le
connoiffent pas : ce qui s'exprime plus heureufement par
ces termes latins: *proprium eft
fubftantiæ cogitantis effe confciam
fuæ operationis.* Et il eft clair
que cela convient à nôtre ame
felon ce qu'elle eft en elle-
même , & non par fon union
avec le corps. Lors donc que
nôtre ame connoît par un fentiment interieur ce qui fe paffe en elle, fes penfées, fes vo-
lontez , fes defirs; cela ne peut

être attribué à l'imagination, ne pouvant y avoir aucune trace dans nôtre cerveau de ce sentiment intérieur, qui s'appelle plus heureusement en latin *conscientia*.

7. On peut juger aisément par ce qui vient d'être dit, que l'imagination est incapable *de ranger, d'assembler ou de separer comme il luy plaist, les portraits des choses qui sont de son ressort, & d'en considerer les rapports* : mais qu'il faut que cela se fasse par la *raison*, que vous prenez vous-même pour la même chose que l'*intelligence*.

8. Voilà ce qui convient, ou ne convient pas à l'imagination, selon ce qu'elle est en elle-même : d'où il s'enfuit

qu'à cet égard on a aussi peu raison de dire que c'est une faculté fort dangereuse, que si on le disoit de la veuë, de l'oüie, ou de quelqu'autre sens exterieur : mais on doit reconnoître que c'est une faculté bonne en soy, qui nous a été donnée de Dieu, aussi bien que les sens exterieurs par une suite comme necessaire de l'union de nôtre esprit avec un corps, & que sur tout on ne luy doit attribuer ni erreur, ni verité ; parce que la verité & l'erreur ne se trouve que dans nos jugemens, & que l'imagination ne juge de rien.

9. Mais il y a des effets ou bons, ou mauvais, qu'on peut attribuer à l'imagination, com-

me caufe occafionnelle en bien
ou en mal, tant à l'égard de
l'entendement que de la volonté. Car ne jugeant de rien,
elle eft fouvent occafion à l'entendement de juger bien, ou
de juger mal : & ne defirant
rien, elle eft fouvent occafion
à la volonté d'avoir de bons
ou de mauvais defirs : C'eft ce
qu'il eft important de montrer ; mais comme je ne diray
rien qui ne foit connu de tout
le monde, je ne feray que le
propofer fans en chercher la
raifon.

10. La Phyfique auffi bien
que les Sciences & les Arts qui
en dépendent, comme la Medecine, l'Aftronomie, l'Archi-
tecture, l'Agriculture, l'Art de
Naviger font principalement

fondez fur l'expérience, c'eft-
à-dire, fur des faits finguliers
qu'on a veu ou connu par
d'autres fens, arriver de la
même forte, d'où on a formé
des jugemens quelquefois bons,
quelquefois mauvais, ce qui
a fait dire à Hippocrate; *Ex-
perientia fallax*; mais il y en a
de fi bons & de fi bien verifiez,
qu'on ne craint pas de s'y
tromper. Par exemple, l'avantage qu'on a tiré pour la na-
vigation de l'aiguille aiman-
tée pour fçavoir certainement
de quel côté eft le Nord. Qui
peut douter qu'en ce cas, &
en un infinité d'autres femblables, l'imagination (car tout
ce qui s'apperçoit par les fens
eft porté des fens à l'imagination) n'ait été la caufe oc-

ɔ caſionnelle d'une verité tres-
ſ utile aux hommes.

11. Autre exemple : Saint
Auguſtin ayant diſtingué tout
ce que nous concevons en *cho-*
ſes & en *ſignes*, voici comment
il définit le ſigne : *Signum eſt*
quod præter ſpeciem quam inge-
rit ſenſibus (& par conſequent
à l'imagination) *facit aliquid*
aliud in cognitionem venire.
Tels ſont les ſons & les cara-
cteres de l'Ecriture , qui paſſent des ſens de l'oüie & de
la veuë dans l'imagination,
d'où il arrive qu'elle eſt la
cauſe occaſionnelle, ou de la
connoiſſance de la verité , ou
de l'illuſion de l'erreur. Car
qui ne ſçait combien la lecture d'un méchant Livre eſt capable de nous jetter ou de

nous confirmer dans l'erreur? Et combien au contraire la lecture d'un bon Livre nous peut aider à faire entrer la verité dans nôtre esprit, ou à l'y entretenir?

12. Si nous passons de l'entendement à la volonté nous trouverons la même chose. Un seul exemple se pourra appliquer à une infinité d'autres. Rien ne touche & ne remuë davantage l'imagination que des Chansons bien faites & bien chantées; est-ce une raison de regarder l'imagination comme une faculté bien dangereuse? C'en pourroit être une si toutes les Chansons ressembloient à celles de l'Opera, qui roulent toutes sur l'amour, & présentent à l'esprit

une

une morale lubrique, que des airs effeminez y font entrer agréablement : ce qui est sans doute une grande occasion de corrompre l'esprit & le cœur de ceux qui les écoutent. Mais si d'autres Chansons & d'autres chants ne pouvoient pas être cause que l'imagination pût avoir occasionnellement des effets tous contraires, en aidant la verité & la pieté à entrer dans l'esprit & dans le cœur, Saint Paul auroit-il recommandé aux Chrétiens comme une action très-loüable de chanter des Hymnes & des Cantiques en l'honneur de Dieu pour celebrer ses biens-faits & nous entretenir dans son amour ?

13. On doit conclure de

tout cela que l'imagination qui est bonne en soy , consi-derée comme cause occasion-nelle, est bonne ou mauvaise , par le bon ou le mauvais usa-ge qu'on en fait ; & qu'ainsi vous n'avez pas eu droit d'en parler aussi mal que vous fai-tes dans le Premier Point de la Seconde Partie de vôtre Discours sur l'Eloquence des Prédicateurs.

XII.

Je n'examineray pas tout ce que vous dites de l'imagina-tion ; je vous en laisse à juger par ces douze ou treize Arti-cles. Il n'y a qu'un endroit qui me paroît important , par-ce qu'il me semble que vous y avez pris l'imagination dans un temps tout different de celuy que vous aviez marqué en la définissant en ces termes dans la page 20.

L'imagination est un sens intérieur, dont la fonction n'est que de recevoir & de repréſenter à l'ame les images de tout ce qui a fait quelque impreſſion ſur nous. Ce qui vous fait dire enſuite que *c'est la faculté qui agit la premiere en nous, avant que nous ayons l'uſage de la raiſon.* C'est en effet la principale ſignification de ce mot: mais il y en a encore une autre qui est de ſignifier une opinion, & même ſouvent une fauſſe opinion; ce qui est très-differend de l'imagination priſe pour la faculté pour laquelle nous concevons les choſes ſous des ima-

ges corporelles. Or vous sça-
vez, Monsieur, qu'il n'y a pas
de plus grande source de faux
raisonnemens, que de prendre
le principal mot d'un discours, tel qu'est celuy de l'i-
magination dans vôtre Seconde Partie, en des sens tout-à-
fait differens; & que c'est ce
qui fait les sophismes des ar-
gumens à quatre termes.

Cependant, Monsieur, il
me paroît que c'est dans le dernier sens que vous avez pris
le mot d'imagination, lorsque
vous dites dans la page 26.
*Que ce sont les faux jugemens de
l'imagination qui font les faux
braves, les faux honnestes gens,
les faux amis ; qui tous ne se
croyent ce qu'ils ne sont pas, que
parce que les idées qu'ils ont de*

la valeur, de l'honnesteté, de l'a-
mitié, ne font que des phantô-
mes de leur imagination.

Ce n'est plus là certainement cette faculté de nôtre
ame, dont vous aviez entrepris de parler. Car, comme je
vous l'ay fait voir dans l'Ar-
ticle précedent, l'imagination prise pour une faculté de
nôtre ame, ne juge de rien.
Elle n'a donc pas fait de faux
jugemens. Et de plus, les idées
de la valeur, de l'honnesteté,
de l'amitié, n'étant pas corporelles, ne font point du tout
du reffort de cette faculté.
On ne se fait ces fausses idées
de valeur, d'honnesteté, d'a-
mitié, que par de fausses opinions que l'on appelle auffi
quelquefois imaginations; com-

BIBLIOTHÉQUE ROYALE

me lors qu'on dit qu'un homme n'a que de fausses imaginations de toutes les choses
dont il entreprend de parler.

C'est donc aussi sur la même équivoque que roule ce
que vous dites : *Que les choses
mêmes qui ont le plus de rapport
à la pieté, prieres, reflexions sur
soi-même, desseins, resolutions,
sont presque toutes des actions
de l'imagination dans ceux en
qui elle domine.* Car cela n'a
nulle vrai-semblance, en prenant l'imagination pour la faculté qui reçoit les images
corporelles. Cela n'est vray
qu'en la prenant pour la fausse
opinion que l'on a de toutes
choses qui regardent la pieté; l'ignorance, les mauvaises

inſtructions, ou l'amour propre qui n'eſt pas aſſez mortifié dans les faux devots, leur faiſant avoir ſur tout cela de fauſſes idées. Enfin quand vous dites en un autre endroit, que l'imagination eſt le poiſon de l'intelligence, c'eſt encore en la prenant pour l'erreur, qui fait que l'on s'imagine voir les choſes par une claire veuë de l'eſprit, en quoy conſiſte l'intelligence, quoy qu'on n'ait rien moins que cette veuë. Ce qui a fait dire à ſaint Auguſtin: *Quod intelligimus, debemus rationi; quod opinamur, errori;* car *opinari* dans le latin des Philoſophes Romains du temps de Ciceron ſignifioit croire; ſçavoir ce qu'on ne ſçait pas.

I iiij

Vous voyez donc, Monsieur, que l'imagination prife en ce fens, ne peut rien faire du tout, ni pour, ni contre l'Eloquence, que vous dites qui s'eft emparée de la Chaire. Car ce qu'il faut bien remarquer, eft que vous ne fuppofez point, que les Prédicateurs que vous avez en veuë, prêchent autre chofe que les veritez de l'Evangile, & que vous ne trouvez à redire qu'à leur maniere de prêcher. Or quelque défectueufe que vous trouviez cette maniere, vous ne direz pas fans doute qu'elle infpire de faux jugemens fur les chofes qui ont rapport à la pieté : Prieres, Réfolutions, & le refte; & par confequent par rapport à cette derniere forte d'imagination. Vous ne pourriez pas mettre entre les effets pernicieux de l'Eloquence, que vous n'approuvez pas, la fausse pieté, les fausses conversions, & le peu de vertus solides dans la plûpart de ceux mêmes qui paroissent appliquez à leur salut.

C'est pourquoy, Monsieur, je prendray l'imagination dans le premier sens, en examinant les consequences que vous en tirez contre l'Eloquence dans le Second Point de vôtre Seconde Partie.

XIII.

Vous commencez ce Second Point par l'avantage que vous croyez pouvoir tirer de ce que

vous avez dit dans le premier:
P. 27. car vous prétendez que *pour peu qu'on y ait fait d'attention, on ne sçauroit s'empescher de voir, combien l'imagination est à craindre ; combien elle fait de tort à l'intelligence, & combien elle met d'obstacles à l'entrée de la verité dans l'esprit & dans le cœur.*

Mais vous changerez peut-être d'avis quand vous aurez fait reflexion sur ce que je viens de vous montrer: que l'imagination n'est à craindre que quand on en fait un mauvais usage : que loin de faire tort à l'intelligence, on ne peut gueres que par elle arriver à l'intelligence; & qu'il y a une infinité de gens à qui elle est d'un grand secours pour faire entrer la verité dans l'esprit & dans le cœur.

Après ce préambule, vous faites considerer deux choses qui doivent servir de fondement à ce que vous voulez inférer à l'égard des Prédicateurs : L'une est la qualité de leurs Auditeurs, l'autre est la nature des choses qu'on leur doit prêcher.

Il faut, dites-vous, *qu'ils content que les hommes à qui ils prêchent sont des gens livrez à cette faculté dangereuse, c'est-à-dire qui ne sont gueres capables de concevoir la plûpart des choses que sous des images corporelles, & que ce qu'on leur doit prêcher sont des choses invisibles, spirituelles infiniment éloignées de tout ce qui a rapport* P. 27. P. 28.

aux sens & qui les combattent directement.

Je demeure d'accord du premier qui regarde la plûpart des Auditeurs, sauf à examiner dans la suite, si on n'en doit pas conclure tout le contraire de ce que vous prétendez; mais pour le dernier, qui est que les choses qu'on leur doit prêcher sont invisibles, spirituelles, & infiniment éloignées de tout ce qui a rapport aux sens; vous êtes bien éloigné de vôtre compte, si c'est sur cela que vous vous fondez pour reformer l'éloquence des Prédicateurs. Car il est vray qu'il y a des Articles de nôtre Foy qui sont tels que vous le dites, invisibles, spirituels, &c. mais qu'il y en a auſſi un plus grand nombre ſans comparaiſon qui ſont du reſſort de l'imagination & des ſens. Vous n'avez qu'à faire reflexion ſur le Symbole pour le connoître. Ce qui y eſt dit du Pere tout-Puiſſant, de Jeſus-Chriſt en tant que Dieu, & du ſaint Eſprit, eſt tel que vous dites, inviſible, ſpirituel, & éloigné de tout ce qui a rapport aux ſens. Mais pourrez-vous prétendre que tout ce qui y eſt dit de Jeſus-Chriſt en tant qu'homme, ſa Naiſſance, ſa Paſſion, ſa Reſurrection, ſon Aſcenſion, &c. & que ce qui y eſt dit enſuite de l'Egliſe Catholique, ne puiſſe être conçû par l'imagination & par les ſens?

Remarquez cependant, Monfieur, que pour un Sermon dans lequel on explique au Peuple les Myfteres ineffables de l'Unité de Dieu & de la Trinité des Perfonnes; il y en a cent où on leur parle des autres Articles de la Foy, qui fe peuvent concevoir par les fens & par l'imagination ; & de beaucoup de veritez de la Morale Chrétienne, que l'on peut proportionner à la capacité du Peuple, quoy que peu dégagé des fens. Ce ne feroit donc qu'à l'égard de très-peu de Sermons que cette raifon prife de la nature de ce que l'on doit prêcher, vous pourroit donner fujet de vous plaindre que l'Eloquence humaine fe feroit emparée de la Chaire. Mais je ne fçaurois tomber

d'accord que vous la puiſſiez
faire ſervir, à l'égard même
de ces grands Myſteres ſpiri-
tuels & inviſibles. Car oppo-
ſant, comme vous faites, l'i-
magination à l'intelligence, il
faudroit que pour être bon
Prédicateur, on n'eût pour but
que de faire comprendre aux
Peuples ces Myſteres de la
Divinité par l'intelligence,
ſans y rien employer de ce qui
eſt du reſſort de cette dange-
reuſe faculté; c'eſt l'idée que
vous donnez de l'imagination,
qui fait tant de tort, ſelon
vous, à l'intelligence, & qui
met tant d'obſtacles à l'entrée
de la verité dans l'eſprit &
dans le cœur. Or cela eſt tout-
à-fait impraticable à l'égard
du commun des Chrétiens.

Dieu a voulu qu'ils se puſ-
ſent ſauver par la ſimplicité
de la Foy ; & il y en a très-
peu qui paſſent de la Foy à
l'intelligence. Or la Foy vient
de l'oüie, *Fides ex auditu*, &
toutefois eſt appuyée ſur l'autorité, c'eſt-à-dire ſur le té-
moignage des hommes ; ou purement hommes, ſi c'eſt une
foy humaine ; ou d'hommes in-
ſpirez de Dieu, ſi c'eſt la foy
divine ; & par conſequent l'i-
magination y a part, puiſque
vous reconnoiſſez vous-même
P. 2c. que *c'eſt un ſens interieur, dont
la fonction eſt de recevoir & de
repréſenter à l'ame les images de
tout ce qui frappe nos ſens.* C'eſt
auſſi ce que nous apprend ſaint
Paul, lors qu'après avoir dit
» que » quiconque invoquera le
Nom

Nom de Dieu sera sauvé ; il « marque les moyens par les- » quels on devient capable de l'invoquer : „ Mais comment « l'invoqueront - ils , s'ils ne « croyent point en luy ? Et com- « ment croiront-ils en luy, s'ils « n'en ont point oüi parler ? Et « comment en entendront- ils « parler, si perſonne ne leur prê- « che ? Et comment les Prédi- « cateurs leur prêcheront - ils, « s'ils ne ſont envoyez ? Eſt-ce « donc, que des Prédicateurs en- voyez, qui doivent donner des marques de leur Miſſion, quand il s'agit des premiers établiſ- ſemens de la Foy , qui confir- ment ce qu'ils prêchent par la ſainteté de leur vie , & ſou- vent par des miracles , ne ſont pas des objets de l'imagina-

K

tion & des sens? Et on voudroit que les Prédicateurs renonçassent à l'imagination & aux sens, pour mener leurs Auditeurs tout droit à l'intelligence, contre ce que dit souvent saint Augustin: que c'est par la Foy qu'on y parvient, & qu'elle en doit être la récompense.

Mais ce que vous dites vous-même aussi-tost après ce que j'ai rapporté de vos paroles, fait voir combien la conduite de Dieu est contraire à celle que vous voudriez que les Prédicateurs suivissent. *L'homme, dites-vous, est si peu capable des* P. 28. *choses invisibles & spirituelles dont on doit l'instruire, qu'il a fallu qu'un Dieu se fist homme pour les luy enseigner ; c'est-à-*

dire, qu'il a fallu qu'il se ren-
dist visible, & que par là il se
fist l'objet de nôtre imagination & de nos sens : *Ut dum*
visibiliter Deum cognoscimus, per
hunc in invisibilium amorem ra-
piamur. C'est donc par le secours de l'imagination que
nous parvenons à la connoif-
fance & à l'amour des choses
invisibles qui font l'objet de
nôtre Foy. Ce que dit l'Apôtre dans la premiere aux Corinthiens, est encore plus fort;
j'en ay déja parlé, mais je ne
puis m'empêcher de le repe-
ter ici : « Dieu voyant que le «
monde avec la sagesse humai- «
ne, ne l'avoit pas reconnu dans «
les ouvrages de la Sagesse Di- «
vine ; il luy a plû de sauver «
par la folie de la Prédication «
K ij

„ ceux qui croiroient en luy. Ce
qu'il appelle la folie de la Prédication eſt la parole de la
Croix, c'eſt-à-dire Jeſus-Chriſt
crucifié. Or y a-t'il rien qui
puiſſe remuer nôtre imagination d'une maniere plus vive
que cet étrange ſpectacle d'un
Dieu mourant en Croix pour
nos pechez.

P. 28.   Comment donc avez-vous
pû dire ce qui ſuit : *Que les
choſes que l'on doit prêcher, ne
pouvant être receuës que dans la
partie la plus intime de l'ame,
demandent un Auditeur dégagé
des ſens ; en garde contre les illu-
ſions de tout ce qui les touche ;
hors du tourbillon de l'imagination, & retiré en cette partie de
luy-même, où la voix de la verité ſe fait entendre. Car c'eſt*

ajoûtez-vous , *la difpofition où* P. 15. *il faut être pour entendre la parole de Dieu avec fruit ; & il eft du devoir du Prédicateur, d'y mettre & d'y tenir fon Auditeur auffi-bien que de luy annoncer les veritez qui la demandent.*

Je ne fçay, Monfieur, comment vous avez pû croire que ce fuft une *difpofition neceffaire pour entendre la parole de Dieu avec fruit , que d'être dégagé des fens ; en garde contre les illufions de tout ce qui les touche ; hors du tourbillon de l'imagination , & retiré dans cette partie de luy-même où la voix de la verité fe fait entendre.* Vous reconnoiffez que ceux que vous appellez des gens d'imagination, & que vous dites être livrez à cette faculté fi dangereufe , font dans une difpofition toute contraire à celle-là. Or vous nous venez de dire que c'eft à ces gens-là que les Prédicateurs ont à faire, & que c'eft fur cela qu'ils doivent compter. Vous fuppofez donc qu'ils ne prêchent qu'à des gens qui ne font pas en état d'entendre avec fruit la parole de Dieu.

Vous direz peut-être que s'ils ne font pas dans cette difpofition là, ils doivent les y mettre ; & qu'ils n'y font pas moins obligez, que de leur annoncer les veritez qui la demandent. C'eft en effet ce que vous dites, mais c'eft un étrange paradoxe : & furquoy j'ay beaucoup de difficultez à vous propofer.

1. Cette difpofition , comme vous la décrivez, eft fi extraordinaire & fi éloignée de l'état où l'homme a été réduit depuis le peché , que ce ne pourroit être que par un miracle qu'il fe trouveroit des perfonnes fur la terre qui fuffent dans une difpofition fi fublime.

2. Cet état eft fi oppofé à celuy des perfonnes d'imagination à qui vous dites que les Prédicateurs ont affaire, qu'il n'y a rien de plus hors d'apparence que de s'imaginer qu'on les puiffe faire paffer de l'un à l'autre fans beaucoup de peine & beaucoup de temps.

3. Afin donc de ne pas prêcher la parole de Dieu à ceux

qui feroient incapables d'en profiter : il faudroit que les Prédicateurs commençaffent leurs Sermons par les avertir que pour les entendre avec fruit, ils doivent être dégagez des fens, en garde contre tout ce qui les touche, & hors du tourbillon de l'imagination. D'où vient donc que d'une infinité de Sermons qui fe font faits dans l'Eglife, nous n'en voyons aucun qu'on ait commencé par leur donner cette inftruction, fans laquelle les Sermons ne leur auroient fervi de rien ?

4. Si on l'avoit voulu faire, y auroit-on pû réüffir fans le fecours de l'Eloquence ; qui n'eft jamais plus neceffaire, comme le remarque faint Au-guftin,

guſtin, que quand ceux à qui
on parle ſont dans une diſpoſition toute oppoſée à celle
dans laquelle on les veut faire entrer? Ainſi, Monſieur,
vous voyez que ce que vous
dites pour bannir l'Eloquence
de la Chaire, ne ſerviroit qu'à
montrer, s'il étoit vray, qu'on
ne l'en doit pas bannir.

Voyons neanmoins ce que
vous dites au contraire. Vous
trouvez mauvais que les Prédicateurs préſentent à leurs
Auditeurs les choſes dont ils
leur doivent parler *reveſtuës*
de tous les ornemens & de tou- P. 19.
te la vivacité de l'éloquence la
plus brillante. Et pourquoy cela ſeroit-il mauvais? Saint Auguſtin ne le croit pas, puiſqu'il recommande aux Prédi-

L

cateurs, quand ils en ont le talent, de dire *acutè ornatè vehementer*, les mêmes chofes que difent *obtusè, deformiter, frigidè*, ceux qui n'ont pas le même talent. Vous n'en donnez pas d'autre raifon que l'engagement où vous vous êtes mis de vouloir qu'il n'y ait rien de plus dangereux que de remuer l'imagination ; c'eft ce qui vous a fait croire que pour décrier les ornemens de l'Eloquence, fur tout quand ils ont de la vivacité & du brillant, il vous fuffifoit de dire : *Que c'eft tout ce qu'il y a de plus capable de réveiller & de mettre en mouvement l'imagination la plus amortie ; & de rejetter dans fon tourbillon l'ame la plus profondement rentrée en elle-même.*

Tout cela, Monſieur, ne reçoit pas la moindre difficulté
à l'égard de l'éloquence des
Prédicateurs Catholiques, a-
près ce que nous avons fait
voir dans la Reflexion précedente, que l'imagination é-
tant bonne d'elle-même, pouvoit être auſſi bien la cauſe
occaſionnelle de nous porter
au bien que de nous porter au
mal; & qu'il eſt utile au contraire, de la tirer, pour ainſi
dire, de ſon engourdiſſement,
quand c'eſt pour nous faire faire le bien. Or on ne peut pas
ſuppoſer que l'Eloquence des
Prédicateurs remuë nôtre imagination pour autre choſe que
pour nous faire embraſſer la
verité, & nous rendre fervens
dans la pratique des bonnes

œuvres. On ne peut donc alleguer ce remuement de nôtre imagination par les ornemens & la vivacité de l'Eloquence du Predicateur , comme une raison qui doive faire bannir de la Chaire cette sorte d'Eloquence.

La consideration de trois choses, le Chant, les Images, & la Poësie , pourra servir à fortifier cette Réponse.

1. J'ay déja dit du Chant, qu'il étoit très-capable de réveiller & de mettre en mouvement l'imagination la plus amortie. Seroit-ce une raison de deffendre aux personnes de travail, ce qu'on leur recommande en plusieurs Dioceses, de chanter en travaillant des chansons spirituelles pour s'en-

tretenir de penſées de pieté ?
Et pouſſeroit-on cette crainte
de l'imagination remuée, juſqu'à prétendre qu'on ne devroit pas chanter dans l'Egliſe les Hymnes & les Pſeaumes de David ; mais les reci-
ter ſeulement comme on fait
en quelques Religions ? Ce
que ſaint Auguſtin dit ſur ce
ſujet dans ſes Confeſſions fait
bien voir le contraire : c'eſt
dans le 9. Livre Chap. 6. je le
rapporteray de vôtre traduction : « Combien , dit-il , le «
chant des Hymnes & des «
Pſeaumes que l'on chantoit «
dans vôtre Egliſe me faiſoit- «
il verſer des larmes ? & com- «
bien étois-je vivement touché «
d'entendre retentir vos loüan- «
ges dans la bouche des fide- «

les ? Il dit enfuite que cette pratique fi confolante & fi propre à réveiller l'ardeur de la pieté n'étoit pas fort ancienne dans l'Eglife de Milan, & qu'il n'y avoit pas plus d'un an qu'elle y étoit établie. C'eft donc au chant des Pfeaumes, & non aux feuls Pfeaumes, qui s'étoient toûjours recitez dans l'Eglife de Milan, que ce Saint attribuë la confolation & le pouvoir de réveiller la pieté. Or ce chant n'avoit cet effet qu'en paffant de l'oüie à l'imagination, & de l'imagination à l'efprit. Pourquoy donc nous la repréfenter fi dangereufe que nous n'ayons à en attendre que du mal ?

2. S'il y a quelque Eloquence qu'on doive rejetter, com-

me ne parlant qu'à l'imagination, ce feroit fans doute l'E-
loquence muette des Images
& des Portraits : puifqu'il n'y
en a pas dont on puiffe dire
plus raifonnablement que c'eft
à l'imagination qu'elle parle.
Il faudroit donc pour cette
raifon bannir de nos Eglifes
les Images & les Peintures de
Jefus-Chrift & des Saints : or
c'eft ce que des Catholiques
n'oferoient dire ; & ce que je
trouve dans le Catechifme de
M. l'Evêque de Meaux fur ce
fujet, mérite d'être confideré:
c'eft dans l'Avertiffement de ce
qu'il appelle le Catechifme des
Fêtes : « Vous n'ignorez pas, «
dit-il, mes Freres, qu'une des «
principales fins que l'Eglife fe «
propofe dans l'inftitution des «

„ Feftes , c'eft l'inftruction des
„ fideles...... Et pour en ren-
„ dre les inftructions plus utiles,
„ vous y pourrez joindre le Ca-
„ techifme qu'on appelle celuy
„ des Images , ou en propofant
„ des Images pieufes attachées
„ à la Chaire , ou en quelque
„ lieu apparent, on s'en fert pour
„ rendre le peuple & les enfans
„ attentifs. Cela feroit-il propre à mettre les Auditeurs de
ces inftructions dans la difpofition où ils devroient être,
felon vous , pour en profiter ?
puifque loin de les dégager
des fens & de les mettre hors
du tourbillon de l'imagination,
cela ne peut que les y mettre
davantage.

Mais on doit remarquer ce
que ce Prelat ajoûte , parce

que c'eſt une exception qui affermit la regle : « Il n'y a, « dit-il, que la Feſte de la Tri- « nité dont il n'eſt pas à propos « de propoſer aucune Image ; « parce qu'encore que les figu- « res, qu'on en voit quelquefois « dans les Egliſes puiſſent avoir « leurs raiſons , & puiſſent être « expliquées en un bon ſens, il « faut prendre garde que les en- « fans ne ſoient frappez d'a- « bord de ces idées, dont l'im- « preſſion demeure trop dans « leurs eſprits, & qui leur met- « tent dans la penſée quelque « choſe de corporel. Mais au « lieu que dans les autres Feſtes, « dont le Myſtere s'eſt accom- « pli viſiblement, on peut con- « cilier l'attention par les Ima- « ges qu'on en donne ; quand il «

„ s’agit de parler de la Divini-
„ té, ou d’appliquer la Trinité
„ adorable, on doit commencer
„ à rendre le Peuple attentif en
„ luy faifant remarquer qu’en
„ cette Fefte on ne luy propofe
„ aucune image fenfible, parce
„ que ce qui regarde la Divini-
„ té & la Trinité des Perfon-
„ nes, eft tout-à-fait au deffus
„ des fens & de l’intelligence
„ humaine.

Je vous ay dit, Monfieur,
que cette exception confir-
moit la regle, non feulement
à l’égard des Images qu’on
peut employer utilement pour
l’inftruction du Peuple : mais
auffi en ce qu’elle fait voir
qu’un des plus dangereux pré-
jugé de nôtre enfance, eft
qu’étant accoûtumez à ne rien

concevoir en cet âge que par des Images corporelles, on en a tiré cette fausse consequence, qu'il n'y a rien de réel que ce qui se peut concevoir en cette sorte. Car c'est ce qui a été cause que ce qu'avoit dit Platon, que Dieu devoit être conceu comme un pur Esprit sans aucun corps, a été regardé par les Philosophes des autres Sectes, comme une chose inconcevable, qui ne meritoit pas seulement d'être réfutée. C'est ce que l'on voit dans le second Livre de Ciceron de la Nature des Dieux.

On vous avouë donc, Monsieur, que lors que les Prédicateurs ont a expliquer au Peuple ce que c'est que Dieu, c'est alors qu'on ne peut travailler avec

trop de soin à les dégager des
sens , & à leur faire craindre
que les phantômes de leur imagination ne les jettent dans
l'erreur;& c'est ce qu'a fait saint
Augustin en une infinité de
lieux.

3. Il ne me reste plus qu'à
parler de la Poësie ; & vous
m'en donnez sujet , parce que
P. 19. vous dites: *Que cette sorte d'E-
loquence*, que vous n'approuvez
pas, *ne parle proprement qu'à l'i-
magination , non plus que la
Poësie*.

Vous deviez vous contenter
de dire que l'une & l'autre
parlent à l'imagination ; car il
n'y a point d'Orateur qui ne
veüille persuader; ce qu'il ne
feroit pas, si ce qu'il présente
à l'imagination , ne passoit à

l'efprit. Il en eft de même des Poëtes, qu'on ne doit pas fuppofer qui ne faffent des vers que pour chatoüiller l'oreille & l'imagination fans rien faire entendre à l'efprit. Contentez-vous donc de dire que la Poëfie parle à l'imagination auffi bien que l'Eloquence humaine. Or vous nous avez affez fait remarquer que ce qui vous fait dire *que l'Eloquence, que vous voulez bannir de la Chaire, parle à l'imagination, c'eft à caufe que fes ornemens & fes figures vives & brillantes font capables de réveiller l'imagination la plus amortie.* On vous avoüe que cela convient encore davantage à la Poëfie, qui s'eft toûjours diftinguée de la Profe, en ce que fon langage doit être plus orné, plus vif, & plus figuré. Cela est vray, sur tout de la Poësie hebraïque, parce que ce n'étoit peut-être qu'en cela qu'elle étoit distinguée de la Prose, n'y ayant gueres d'apparence qu'elle consistast en un certain nombre de pieds ou de syllabes, les unes breves, les autres longues, comme la Poësie grecque & latine. Quoy qu'il en soit, rien n'est plus grand, plus sublime, plus animé, & rien ne présente à l'esprit des images plus vives que les Cantiques & les Pseaumes de l'ancien Testament. Surquoy on peut voir ce qu'en dit M. de Meaux dans la Preface sur les Pseaumes Chap. 2. qui a pour titre: *De grandi eloquentia & suavitate Psalmorum.*

C'eſt donc de cette Poëſie, autant que d'une autre , que vous devez dire, qu'elle parle proprement à l'imagination. Or cela n'a pas empeſché que l'Egliſe ne s'en ſoit toûjours ſervie ; pour nous donner de grandes idées de la Majeſté de Dieu, pour nous faire ſouvenir de ſes bien-faits, & pour faire entrer dans nôtre eſprit & dans nôtre cœur les plus grandes veritez. Pourquoy donc ſera-ce une raiſon de bannir de la Chaire l'Eloquence que vous n'approuvez pas , de ce qu'elle parle, dites-vous, à l'imagination ?

XIV.

Je trouve beaucoup de difficultez dans ce que vous dites

page 30. que les gens de bon esprit n'ont pas besoin qu'on leur parle éloquemment ; & que l'Eloquence n'a été inventée que pour les gens d'imagination.

La premiere de ces difficultez est, qu'il est à craindre qu'on n'en tirât une consequence qui pourroit vous embarasser. Vous tenez, vous dira-t'on, pour des gens de bon esprit les Messieurs de vôtre Académie ; c'est donc inutilement qu'on leur fait tant de discours éloquens, puisque les gens de bon esprit n'ont pas besoin qu'on leur parle avec éloquence. Et vous avez tort, ajoûtera-t'on, de vouloir que les Prédicateurs ne soient pas éloquens : car les ayant avertis que

que c'eſt aux gens d'imagination qu'ils ont à faire, & que
c'eſt ſur cela qu'ils doivent
compter; vous en avez dû conclure, que puiſque c'eſt pour
les gens d'imagination que
l'Eloquence a été inventée,
comme vous le dites, les Prédicateurs ont tout une autre
obligation d'être éloquens que
les Académiciens qui parlent
dans vôtre Aſſemblée.

2. Rien n'eſt moins vray que
ce que vous dites de ces gens
de bon eſprit, à moins que
vous ne vous les figuriez tels,
qu'il n'y en ait point dans le
monde à qui ce que vous en
dites puiſſe convenir. Voici
vos paroles: *Les choſes ne ſont* P. 30.
pour les gens de bon eſprit, que
ce qu'elles ſont en elles-mêmes:

M

toute l'adreſſe de l'Eloquence la plus recherchée n'y ajoûte rien à leur égard, elle ne leur impoſe point; & au travers de tous ces preſtiges, ils ſçavent démeſler la veritable nature & la juſte valeur de chacune. Afin qu'il y eût des gens de bon eſprit de qui cela ſe pût dire, ils faudroit qu'ils connuſſent par eux-mêmes la veritable nature de toutes les choſes dont on les voudroit perſuader, & la juſte valeur de chacune; or cela eſt-il poſſible? Commençons par les choſes humaines : Ciceron & Caton ont paſſé pour être de bons eſprits, & pour des zelez amateurs de leur Patrie; ils étoient néanmoins ſouvent de differens avis, juſqu'à plaider l'un contre l'autre; Caton accusant Murena, Consul désigné, & Ciceron le deffendant. Il faloit donc bien qu'un des deux se trompât dans le jugement qu'il faisoit de cette affaire. Par consequent il ne suffit pas d'avoir bon esprit, pour sçavoir démesler la veritable nature & la juste valeur de chaque chose. Et pour passer à des Saints qui étoient de bons esprits, la celebre dispute entre saint Augustin & saint Jerôme, sur la repréhension de saint Pierre par saint Paul, dont saint Augustin ne fit revenir saint Jerôme à son sentiment, que par une Lettre aussi éloquente que solide, ne fait-elle pas voir que c'est un grand paradoxe de dire : *Que les choses ne sont pour les gens de bon*

efprit, que ce qu'elles font en el-
les mêmes ; & que toute l'adreffe
de l'Eloquence la plus recherchée
n'y ajoûte rien à leur égard.

3. Diftinguant, comme vous faites, tous les hommes en gens de bon efprit, & en gens d'imagination ; il femble que c'eft de cela que vous faffiez dépendre l'utilité ou l'inutilité de l'Eloquence , pour perfuader ceux à qui on parle. Vous ne comptez donc le cœur pour rien ? au lieu que c'eft principalement fur le cœur que l'Eloquence doit agir; & que c'eft à quoy elle eft plus neceffaire ou plus utile. Car il ne fuffiroit pas qu'un homme eut fort bon efprit pour nous faire juger que les chofes di-tes le plus fimplement & fans

aucune éloquence feroient capables de le perfuader, il faudroit outre cela qu'il eut le
cœur droit & exempt de toute paffion. Un bon efprit ne
peut-il pas être avare, ou ai-
mer les plaifirs, ou avoir une
grande ambition ? S'imagine-
t'on que pour le faire agir contre fa paffion dominante, il
fuffira de luy propofer froidement la verité, fans y employer aucun des moyens que
l'expérience a fait trouver propres à vaincre la réfiftance
qu'ont les hommes à faire leur
devoir, quand il eft contraire
à leur inclination? Nous avons
déja veu ce que dit faint Auguftin : que c'eft à quoy font
neceffaires les plus grands efforts de l'Eloquence ; & cela

eſt ſouvent même regardé comme impoſſible ; témoins ces
deux vers :

Mais à l'ambition apporter la
prudence :
C'eſt aux Prelats de Cour prê-
cher la réſidence.

4. On ne ſçait ce que vous
entendez par l'Eloquence dont
vous dites que les bons eſprits
n'ont pas beſoin que l'on employe pour les perſuader. Le
commencement de la même
periode paroît contraire à la
fin ; car vous dites : *Que les*
choſes ne ſont pour les gens de
bon eſprit, que ce qu'elles ſont en
elles-mêmes ; & que toute l'adreſ-
ſe de l'Eloquence la plus recher-
chée n'y ajoûte rien à leur égard.
Cela peut-il donner d'autre
idée, ſinon que la plus parfai-

te Eloquence qu'on employe-
roit touchant les choses qu'ils
sçavent déja, ne contribue-
roit rien à les leur faire mieux
connoître ? Mais quand vous
ajoûtez : *Qu'elle ne leur impo-*
se point ; & qu'au travers de
tous ses prestiges, ils sçavent dé-
mêler la veritable nature, & la
juste valeur de chaque chose,
vous renversez cette idée ; &
vous faites concevoir une fausse éloquence, qui par ses prestiges tendroit à leur persuader le contraire de ce qu'ils
sçavent.

5. J'ay encore des difficultez sur ce que vous dites de
cette Eloquence, par rapport
aux gens d'imagination. Vous
dites qu'elle n'a été inventée
que pour ces gens-là. Quand

cela feroit, elle n'en feroit pas moins eftimable ; car c'eft comme qui diroit, pour faire méprifer la Medecine, qu'elle n'a été inventée que pour les malades. Cela de plus feroit contre vous, comme je vous l'ay déja repréfenté, puifqu'il s'agit des Prédicateurs qui n'ont affaire, felon vous-même, qu'à des gens d'imagination. Ils font donc bien d'employer, pour les porter à la vertu, l'Eloquence, qui n'a été inventée que pour eux : comme les Medecins font bien de donner à des malades, ce qu'on ne devroit pas donner à des perfonnes faines ; parce que c'eft pour les malades, & non pour les fains, que la Medecine a été inftituée.

6. Eſt-

6. Eſt-ce que vous voudriez que l'Eloquence n'eût été inſtituée que pour tromper les gens d'imagination, & les jetter dans l'erreur, au lieu de les en tirer ? & que c'eſt à quoy tend ce que vous dites : *Qu'elle regne ſouverainement ſur eux ; qu'elle les toürne comme il luy plaît ; qu'elle leur perſuade également le vray & le faux , le pour & le contre ; parce que ce n'eſt que leur imagination qu'elle perſuade.* Tout cela eſt fondé ſur la fauſſe idée que vous avez de l'imagination. Il faut pouvoir juger, pour pouvoir être perſuadé. Or l'imagination ne juge de rien ; c'eſt donc l'eſprit que l'on perſuade, parce que c'eſt l'eſprit qui juge, quoy qu'il ſoit vray que

N

l’on se peut servir de l’imagination en bien & en mal pour
persuader l’esprit. Mais cette
consideration, vraye ou fausse,
ne vous peut servir de rien
pour le sujet que vous traitez,
qui est l’Eloquence des Prédicateurs; car supposant qu’ils
satisfont à leur devoir , pour
ce qui est de la matiere de
leurs Sermons; vous examinez,
non ce qu’ils doivent prêcher,
mais seulement de quelle maniere ils le doivent faire. Il
n’est donc question que d’une
Eloquence que l’on n’employe-
roit que pour les porter au
bien, & non de celle qui les
porteroit tantôt au bien , &
tantôt au mal. Cependant il
n’est pas vray que l’on doive
bannir de la Chaire l’Eloquen-

ce, qui de foy-même pourroit
avoir les deux effets contraires. Saint Auguftin étoit d'un
avis tout oppofé, comme nous
l'avons déja remarqué ; « Car «
puifque l'Eloquence , dit-il, «
peut fervir au bien & au mal, «
pourquoy n'employerons-nous «
pas, pour l'établiffement de la «
verité, ce que les méchans em- «
ployent pour l'établiffement de «
l'erreur ?   «

Ce que vous dites dans la
même Page , ferviroit plus à *T. 30.*
vôtre deffein , s'il étoit vrai.
Les gens d'imagination , dites-
vous, ne voyent dans les chofes
dont on leur parle , que la paru-
re exterieure , que cette forte d'E-
loquence leur prête : ils n'en ju-
gent que par là ; & fans cela ils
n'en feroient point touchez : fem-

N ij

*blables à ces demi-Sauvages des
premiers temps, à qui il faloit
mettre la raison en Chansons,
pour la leur faire recevoir.*

C'est, Monsieur, l'explication de ce qu'ont dit les Poëtes : qu'Amphion avoit bâti
les murs de Thebes au son de
sa Lyre ; car on prétend que
ce qu'ils ont voulu marquer
par là, est qu'Amphion par des
vers mis en chant, avoit persuadé aux hommes de son
temps, qui étoient encore sau-
vages, de sortir des bois où
ils vivoient séparez des uns
des autres comme des bestes,
pour venir habiter des Villes
& y former des Societez, qu'on
a depuis appellez des Repu-
bliques. Mais loin que cela
puisse prouver, que les gens

d'imagination ne voyent que la parure exterieure des choses que l'Eloquence leur prête ; cela prouve tout le contraire ; puisque c'est une verité très-solide & très-importante, pour le bien du genre humain, qu'il n'y a rien de plus utile aux hommes, purement hommes, que de vivre en societé les uns avec les autres : ce qui est même un degré pour leur faire embraſſer la veritable Religion. Or vous connoiſſez que ç'a été un effet de cette Eloquence, que vous dites qui ne parle qu'à l'imagination ; il n'est donc pas vray que ceux envers qui on l'employe, ne voyent que la parure exterieure des choses que l'Eloquence leur prête.

N iij

XV.

Vous vous servez d'un autre moyen pour bannir de la Chaire cette sorte d'Eloquence. *C'est*, dites-vous, *qu'on l'a bannie de toutes les matieres où il s'agit de découvrir & d'établir la verité, comme de la Geometrie, de la Physique, & des autres parties de la Philosophie, où il n'y a personne qui ne voye, qu'il seroit ridicule de l'employer; & même de toutes les affaires un peu serieuses de la vie: telles que sont les consultations sur les affaires d'état, sur le bien, & sur la santé.*

C'est sur quoy j'ay trois ou quatre choses à vous dire.

La premiere est, que si l'Eloquence est bannie de quel-

> ques Sciences & de quelques
> Confultations, ce n'eft point
> du tout pour la raifon que
> vous marquez dans les paroles
> fuivantes : *Qu'on a foin de tenir* P. 33.
l'imagination à l'écart, & de ne
la mettre de rien, lors qu'il eft
queftion de Sciences ou d'affai-
res ; parce qu'on fçait qu'elle eft
le poifon de l'intelligence. Car
comment les Geometres, par
exemple, auroient-ils pû croire qu'ils devoient tenir l'imagination à l'écart, & ne la mettre de rien, comme étant le
poifon de l'intelligence, puifqu'ils l'appellent au fecours de
l'intelligence dans prefque toutes les propofitions qu'ils ont
à démontrer ? On n'a qu'à ou-
vrir leurs Livres : on les trou-
vera tous pleins de figures. Or

N iiij

ces figures font certainement du reffort de l'imagination, comme je l'ay fait voir plus haut. Les Phyficiens, auffi bien que les Medecins, font encore plus éloignez de mettre l'imagination à l'écart ; car leur fcience étant fondée fur l'expérience de plufieurs faits finguliers qui font l'objet de l'imagination, comment pourroient-ils ne la mettre de rien? Ce qui fait donc que les Geometres n'ont pas befoin d'Eloquence, cela vient de la qualité des chofes qu'ils traitent, qui d'une part font très-évidentes, & de l'autre ne vous intereffent point. Ainfi les trois fonctions de l'Eloquence étant *docere*, *movere* & *flectere*, l'évidence de l'objet

des Geometres fait qu'on n'a
pas besoin d'art pour nous les
proposer d'une maniere qui
nous les fasse recevoir ; & le
peu d'interest que nous y pre-
nons, fait que l'on en a encore moins besoin pour nous é-
mouvoir, & pour nous gagner
le cœur. On en peut dire autant de la Physique.

La seconde difficulté , est
que vous supposez comme une
chose indubitable: *Que l'on a
banni l'Eloquence de toutes les
affaires un peu serieuses de la
vie , & qu'il seroit ridicule de
l'y employer*, dont vous donnez
pour exemple les affaires qui
regardent l'état , où le bien ,
ou la santé. Comment avez-
vous pû croire, Monsieur, que
l'on vous accorderoit cela ? Ou

est-ce que Demosthene & Ciceron ont plus fait valoir leur Eloquence, que dans les grandes affaires de leur Republique, soit devant le Senat, soit devant le Peuple? Et une des plus belles & des plus éloquentes Lettres de Ciceron, est celle qu'il écrivit à Lentulus son ami, pour luy rendre compte de l'embarras où il se trouvoit, de ne pouvoir rendre à la Patrie tous les services qu'il auroit voulu. Il est encore plus étrange que vous ayez mis les procés entre *les affaires serieuses, pour lesquelles il seroit ridicule d'employer l'Eloquence.* Y en a-t'il où elle ait été jamais plus employée? Il est vray que dans des Consultations particulieres entre

P. 31.

peu de personnes sur quelque affaire que ce soit, ou de l'état, ou du bien, ou de la santé, on ne se met pas ordinairement fort en peine d'être éloquent ; mais ce n'est pas parce que ce sont des choses trop importantes, ou trop serieuses, comme vous le supposez, c'est seulement parce que l'Eloquence, pour être un peu vive & animée, demande d'ordinaire plus de préparation & un plus grand Theatre. Ce qui fait dire à Quintilien : *Non esset in rebus humanis Eloquentia, si cum singulis tantum loqueremur.*

Il semble donc, Monsieur, que vous n'ayez pas eu sujet de faire cette exclamation: *Ce qui se traite dans la Chaire,* p. 32.

est-il donc moins ſerieux & moins important, que ce qui regarde la politique, le bien & la ſanté ? Et n'y aura-t'il que les choſes Saintes, ſurquoy on ſe croye permis de parler à l'imagination; comme ſi elles n'étoient faites que pour la divertir ?

La troiſiéme difficulté eſt, que je ne puis accorder le ſtile de vôtre Avertiſſement, avec la regle que vous nous venez de donner ; car j'y trouve tous les ornemens & toute la vivacité de l'Eloquence la plus brillante ; beaucoup d'art, pour faire paſſer ce que vous dites de l'eſprit au cœur ; de vehementes figures, comme de frequentes interrogations, ſemblables à celles que je viens de rapporter ; enfin je n'y vois rien qui ne soit fort éloigné de l'adorable simplicité des discours de Jesus-Christ. Or vous n'avez pû croire sans doute, que ce que vous traitiez dans vôtre Préface, ne fut très-serieux & très-important, n'y en ayant gueres qui le soit davantage que l'instruction que vous avez entrepris de donner aux Prédicateurs sur la maniere dont ils doivent prêcher la parole de Dieu; comment donc avez-vous pû dire, sans vous condamner vous-même, que quand on a à traiter un sujet serieux & important, on ne doit point y employer cette sorte d'Eloquence ?

XVI.

Aprés avoir supposé que l'Eloquence des Prédicateurs , que vous n'approuvez pas , ne parle qu'à l'imagination, vous paſſez juſqu'à prétendre qu'on ne peut pas la vouloir faire paſſer à l'eſprit par la voye de l'imagination. Vous employez deux raiſons pour montrer combien cela eſt mauvais.

P. 33. La premiere eſt : *Que l'imagination eſt le poiſon de l'intelligence qui eſt la ſeule de nos facultez par où nous puiſſions faiſir la verité ; & qui n'en eſt pas même capable à l'égard de la ſcience du ſalut , qu'à proportion que l'ame eſt dégagée de toutes les images des choſes ſenſibles.*

P. 34. La ſeconde eſt : *Que ce qu'on adreſſe à la raiſon , mais qu'on y veut faire entrer par l'imagination , s'y arrête ; & ne paſſe point jusqu'à l'intelligence, ou n'y passe que foiblement.*

Vous ne voulez donc pas que l'on fasse passer par l'imagination, ce qu'on adresse à la raison & à l'intelligence, mais vous voulez qu'on aille droit à l'intelligence.

Mais permettez-moy de vous dire qu'on ne peut avoir cette pensée, sans connoître bien mal la nature de l'homme depuis le peché, & sans renverser les moyens que Dieu a pris pour sauver toutes sortes de personnes, & encore plus les gens simples & de peu d'esprit, que des grands esprits, & ceux que le monde estime plus sages ; ce qui fait dire à saint Paul : *Quæ stulta sunt mundi elegit Deus ut confundat sa-*

pientes ; car on ne peut être sauvé, sans avoir une pleine & entiere persuasion des principaux Articles de la Religion Chrétienne. Or pouvez-vous douter, Monsieur, que depuis l'établissement de l'Eglise, il ne se soit sauvé une infinité de personnes qui étoient incapables d'avoir cette persuasion par l'intelligence. Il faut bien que vous en demeuriez d'accord ; puisque vous reconnoissez que *l'intelligence n'est capable de la science du salut , qu'à proportion que l'ame est dégagée de toutes les images des choses sensibles* ; ce qui convient à si peu de gens, qu'on peut même douter s'il y en a aucun de qui cela se puisse dire, si ce n'est peut-être dans un temps où où il seroit en extase. Ce n'est donc pas là le moyen que Dieu a pris pour sauver les hommes. Il s'est contenté de la Foy, au lieu de l'intelligence, à l'égard de la plûpart des fideles. L'intelligence est la nourriture solide des parfaits; mais la simplicité de la Foy, qui ne peut être sans l'imagination, est le lait des enfans, tels qu'ont toûjours été & sont encore le plus grand nombre des membres de l'Eglise.

Vous ne voudrez peut-être pas demeurer d'accord que la foy ne puisse être sans l'imagination; mais rien n'est plus certain, comme je vous l'ay déja fait voir. On n'a de plus qu'à considerer la distinction que saint Augustin met entre

O

l'intelligence & la Foy, pour en être persuadé : *Quod intelligimus, debemus rationi ; quod credimus, auctoritati.* C'est la raison qui nous fait avoir l'intelligence d'une verité, & c'est l'autorité qui nous la fait croire. C'est-à-dire, qu'il faut que nôtre raison nous fasse connoître une verité en elle-même, afin que nous puissions nous asſurer que nous en avons l'intelligence ; au lieu que c'est le poids de l'autorité d'une autre personne, qui nous fait tenir pour vrai ce que nous ne ſçavons pas par nous-mêmes. C'est ce qui s'appelle *croire* ou *foy* ſoit divine, ſoit humaine. Ainſi toute Foy, ſoit divine, ſoit humaine, eſt fondée ſur le témoignage des hommes, ou pu-

rement hommes, ou divine-
ment infpirez. Or ce témoignage des hommes, ne nous
pourroit pas fervir de motif à
nous faire croire, s'il ne nous
étoit connu ; & il ne nous eft
connu que par les fens & l'i-
magination. Il n'y a donc
point de Foy fans imagination ; puifqu'il n'y a point de
Foy, fans témoin; & que faint
Auguftin a raifon de dire, que
rien n'eft plus fort que cette
parole des Manichéens : que
c'eft avoir bien peu de Foy,
de ne pas vouloir croire à Je-
fus-Chrift fans témoin : *Quis* *Contr. Fauft.*
l.12.c.45.
dementiffimus diceret, enervis ef-
fe fidei, de Chrifto fine tefte non
credere ? Vellem mihi ifti refpon-
derent, cuinam de Chrifto ipfi
credidiffent, an illam vocem de

O ij

cœlo audierunt : Hic est Filius meus ? Ei quippe voci potius Faustus nos jubet credere, qui de Christo non vult testibus hominibus credi ; quasi ad nos etiam ejusdem vocis notitia sine homine teste pervenerit.

Ainsi au lieu que vous dites : *P. 35.* *Que l'Eloquence qui remuë l'Imagination, est une voye d'illusion & d'erreur, qui suit l'homme dans son égarement ;* On peut dire au contraire que vouloir bannir l'imagination de la Prédication de la Foy, c'est une voye d'erreur & d'illusion, qui attribuant à l'homme une force qu'il n'a point, ne fait servir une fausse crainte qu'il ne s'égare, qu'à le faire égarer davantage.

Supposant donc comme indubitable, que l'imagination

eft inféparable de la Foy; la Foy ne fçauroit être une préparation à l'intelligence, que l'imagination n'en foit une aufli; & par conféquent on ne peut trouver mauvais, *que l'on veüille faire entrer la verité par l'imagination*, pour delà paffer jufqu'à l'intelligence; puifque c'eft une verité certaine que faint Auguftin a foûtenuë & éclaircie par des Livres entiers; que la Foy doit préceder l'intelligence: que c'eft la voie & l'ordre que doivent tenir ceux qui inftruifent les Chrétiens: & que ce feroit les tromper, que de leur promettre qu'on ne les obligera pas à croire des chofes dont la verité ne leur feroit pas connuë par leur propre raifon; mais qu'on la

leur fera connoître avant que
de les obliger à les croire.

Lisez, je vous prie, Mon-
sieur, le Livre de saint Augustin : *De utilitate credendi*, vous
y trouverez des choses admirables sur ce sujet. Je me con-
tenteray de vous en rapporter
ce Passage : *Verum videre velle,*
ut animum purges, cum ideo pur-
getur ut videas, perverfum certe
atque præposterum est. Homini er-
go non valenti verum intueri, ut
ad id fiat idoneus, purgarique se
finat, authoritas præsto est, quam
partim miraculis, partim multi-
tudine valere nemo ambigit. Par
l'*autorité*, il entend *la Foy*; &
par la *veuë de la verité*, *l'intel-*
ligence: selon ce qu'il avoit dit
dans le même Livre (ce que
nous avons déja rapporté) *quod*

intelligimus, debemus rationi: quod credimus, auctoritati. Il veut que l'autorité de la Foy précede l'intelligence & la veuë de la verité. Or l'autorité de la Foy ne peut être sans l'imagination; il est donc clair que selon ce Saint, la voye de l'imagination doit préceder la voye de l'intelligence.

Mais ce qui est plus considerable, c'est que dans le Livre 12. contre Fauste ch. 46. il parle de ce sentiment. Il dit que la Foy (& par consequent l'imagination) doit préceder l'intelligence, comme étant le sentiment de l'Eglise Catholique: *Disciplina Catholica simplici fide prius nutriri oportere docet mentem Christianam, ut eam capacem faciat ad intelligenda*

superna & æterna. Sic enim &
Propheta dicit : Nisi credideritis,
non intelligetis.

Il ne me reste plus qu'à examiner cette partie de vôtre
Seconde Proposition : *Que ce*
que l'on veut faire entrer dans
l'esprit par l'imagination ne passe
point jusqu'à l'intelligence, ou n'y
passe que foiblement.

Cela paroît assez refuté par
ce que nous venons de dire.
J'ajoûterai seulement l'exemple de nôtre Seigneur. Une
des principales fonctions de
son Ministere a été de nous
enseigner les veritez du salut ;
& on ne peut douter qu'il
n'ait pris la voie la plus propre à nous en bien instruire
& à nous les faire bien rete-
nir. Il ne devoit donc pas,
selon

selon vous, se servir de l'imagination, que vous dites être
le poison de l'intelligence. Il s'en
est neanmoins servi ; il les a
enseignées de vive voix ; il les
a confirmées par des miracles
sensibles ; il les a fait écrire
par les Evangelistes ; il les a
donc fait passer par nôtre imagination dans nôtre esprit.

Mais ce n'est pas seulement
à l'égard des moyens de nous
faire croire ces veritez, qu'il
a voulu que nôtre imagination eut part à nôtre instruction, c'est à l'égard des veritez mêmes : car s'accommo-
dant à la portée des plus simples qui ne peuvent presque
rien concevoir que sous des
images sensibles, tous ses discours sont pleins de voiles &

de figures. C'eſt dans cette veuë que tantôt il ſe repré-ſente comme un bon Paſteur : ſes Diſciples, comme des bre-bis ; ſon Egliſe , comme une bergerie ; le Royaume du Ciel, comme un feſtin délicieux, où l'on eſt aſſis avec les Pa-triarches ; les graces & les dons, comme des talens dont il doit un jour redemander compte. Les mêmes veritez de ſa divine morale , qu'il avoit expoſé en des termes ſimples, il les propoſe ailleurs ſous l'é-corce des paraboles priſes des choſes ſenſibles. Et enfin ſi c'eſt parler à l'imagination que de revêtir d'images corporel-les les Myſteres de la Loy de grace , on peut dire que ja-mais perſonne ne l'a plus fait que nôtre Seigneur ; & que c'eſt par là qu'il eſt le lait des petits, pour devenir enſuite la nourriture des forts.

Vous pouvez donc , Mon-ſieur, appuyer ſur d'autres preu-ves ce que vous trouvez à re-dire ſur l'Eloquence des Pré-dicateurs ; mais permettez-moy de vous dire franchement que celles que vous avez pri-ſes des pernicieux effets de l'i-magination n'a rien de ſoli-de.

REFLEXIONS SVR LA Troifiéme Partie du Difcours fur l'Eloquence des Prédicateurs.

XVII.

APRE'S avoir dit à la fin de la Seconde Partie : *P. 36.* „ qu'on ne peut douter qu'une „ Eloquence qui fait des effets „ fi pernicieux, & fi vifiblement „ contraires à ce qui eft le but „ de la Prédication , ne doive „ être bannie de la Chaire ; vous „ commencez la troifiéme par „ cette objection :

P. 37 *Mais , dira-t'on, faut-il donc que pour éviter ces fortes d'inconveniens , les Prédicateurs fe réduifent à la fecherefle des Geo-*

metres ? Qui est-ce qui pourroit
s'accommoder d'une telle maniere
de prêcher ; & qu'en pourroit-on
attendre. Peut-on , ni convertir,
ni toucher, sans remuer l'homme
tout entier , & par conséquent
son imagination même comme
tout le reste ; & cela se peut-il
faire sans user de tours & de figures ? N'est-ce pas même la maniere de l'Ecriture ? Les Pseaumes & les Prophetes ne sont-ils
pas tous pleins de figures & de
mouvemens ? N'en voit-on pas
dans les Sermons des Peres, &
dans ceux mêmes de saint Augustin ?

Tout cela, Monsieur, paroît
si contraire à ce que vous avez
dit dans les deux Premieres
Parties , contre l'Eloquence
qui remuë l'imagination , &

qui y employe pour cela les
tours & les figures de la Rhetorique, que l'on pourroit croire que vous avez suivi la me-
thode de saint Thomas, en
proposant d'abord ce qui com-
battoit vôtre sentiment, pour
finir par ce qui l'établissoit.
Mais ce n'est pas là vôtre pensée ; car vous prétendez n'a-
voir rien dit dans tout ce discours contre les Prédica-
teurs ; & que pour en accorder toutes les parties, *il n'y a
qu'à faire la difference entre la
vraie & la fausse Eloquence : Car
ce n'est*, dites-vous, *qu'à la fauffe Eloquence que l'on en veut ;
& autant qu'elle est contraire à
ce que le Ministere Evangelique
demande de ceux qui l'exercent,
autant la vraie éloquence leur est-*

elle neceffaire, pour remplir les devoirs d'un miniftere fi faint.

Voilà qui va le mieux du monde ; & une declaration fi nette devroit, ce femble, remettre bien avec vous les Prédicateurs qui paffent pour éloquens, & qui pourroient croire que vous leur en voulez dans vôtre Préface. Il n'y a que deux chofes qui pourroient mettre quelque obftacle à cette réconciliation.

La premiere eft : qu'il y a divers endroits dans les deux Premieres Parties que l'on auroit de la peine à accorder avec ce que vous dites préfentement : que vous n'en voulez qu'à la mauvaife Eloquence. Je les ay marquez, & j'attens que vous nous difiez comment il y faut répondre.

La feconde eft : que vous mettez une queuë à cette declaration: que vous n'en voulez qu'à la mauvaife Eloquence, qui les met hors d'état de fe pouvoir affurer que vôtre cenfure ne les comprend pas. T. 38. La voici: *Mais il faut bien remarquer, que la fauffe Eloquence dont on parle ici , n'eft pas celle que tout le monde reconnoît pour fauffe ; & qui l'eft fi groffierement, que perfonne ne fçauroit s'y méprendre : on n'entend ici par* fauffe Eloquence, *que celle qui fait tous les mauvais effets qu'on a marquez.*

Vous diftinguez donc trois fortes d'Eloquence : La bonne, & deux fortes de mauvaifes. L'une *qui l'eft fi groffiere-*

ment que personne ne sçauroit
s'y méprendre ; & l'autre qui
ne l'est pas si grossierement,
qu'on ne s'y puisse tromper en
la prenant pour une bonne
Eloquence : & vous declarez
que ce n'est que cette derniere que vous avez eu en veuë,
quand vous vous plaignez,
qu'une fausse Eloquence s'est
emparée de la Chaire. Or
que sçavons-nous, diront les
Prédicateurs, si ce n'est point
celle-là qu'il nous attribuë ?
Et nous l'en pouvons soupçon-
ner d'autant plus aisément,
qu'il ne nous donne qu'une
idée fort confuse de ce qu'il
entend par là ; & il est vray
que ce que vous en dites, ne
la fait gueres connoître. *On
n'entend ici*, dites-vous, *par*

fauſſe Eloquence, que celle qui fait tous les mauvais effets qu'on a marquez. Rien n'eſt plus équivoque que ces effets pernicieux que vous avez marquez. Vous en avez fait une recapitulation dans les pages 35. & 36. On n'a qu'à les ſuivre, & y mettre ſeulement le mot de fauſſe Eloquence.

La fauſſe Eloquence eſt celle qui remuë l'imagination, & qui par là eſt une voye d'illuſion & d'erreur.

C'eſt celle *qui ſuit l'homme dans ſon égarement ; & qui au lieu de le tirer hors de ſon imagination, l'y engage de plus en plus.*

C'eſt celle *qui l'accoûtume à ſe laiſſer mener par cette faculté inſensée ; & le rend par conſe-*

quent susceptible de toute erreur
qu'on luy presentera d'une maniere agreable & insinuante.

C'est celle qui luy fait perdre
le goût de la sainte simplicité de
l'Evangile.

C'est celle qui luy donne une
fausse idée de la parole de Dieu,
& qui la luy fait confondre avec
le langage de la sagesse humaine.

C'est celle qui loin de le tenir dans ce silence interieur, hors
duquel on n'est en état ni de
penser à soi-même, ni d'entendre
la voix de Dieu, ni de le prier
comme il faut , l'en tire avec
violence.

C'est celle enfin , qui n'est
propre qu'à le jetter dans la plus
dangereuse de toutes les illusions,
qui est de prendre son imagina-

tion pour son cœur ; & de se croi-
re converti ; parce que son ima-
gination est ébranlée.

Voilà , Monsieur , ce que vous appellez les effets perni-cieux d'une certaine sorte d'E-loquence, que vous dites être fausse, sans nous la faire con-noître par une autre marque, que par ces effets là même qu'elle produit.

Mais premierement, le der-nier de ces effets , que vous appellez la plus dangereuse de toutes les illusions , ne doit être attribué à aucune élo-quence du Prédicateur , ni bonne ni mauvaise; mais à un faux jugement de l'Auditeur. Car de ce qu'un Pecheur tou-ché par un Sermon se croit converti , ce n'est point du tout

parce que son imagination a
été ébranlée ; mais c'est parce
qu'il ne sçait pas qu'un premier mouvement de conver-
sion, quoy qu'il soit veritable
& formé par la grace, lorsqu'il
est foible ne suffit pas pour
une veritable conversion , qui
ne peut être vraye si l'on n'a
une volonté efficace d'observer les Commandemens de
Dieu, & de vivre selon les regles de la pieté ; & que c'est
ce que saint Augustin nous
apprend par ces paroles: *Qui
vult facere Dei mandatum & non
potest, jam quidem habet volun-
tatem bonam. ..t adhuc parvam
& invalida ..: poterit autem cum
magnam habuerit & robustam.*
Et nous voyons aussi que saint
Gregoire remarque, qu'il y en

a qui écoutent avec joie la parole de Dieu, & qui en paroissent touchez jusqu'à répandre des larmes; qui ne laissent pas néanmoins après leurs pleurs de retourner à leurs pechez. Que fait à cela, je vous prie, l'imagination, qu'il semble que vous voulez rendre coupable de tout?

2. Qui peut comprendre qu'une Eloquence, pour n'être pas fausse *doit tenir l'homme dans ce silence interieur, hors duquel on n'est en état, ni de penser à soi-même, ni d'entendre la voix de Dieu, ni de le prier comme il faut.* Peut-on être dans ce silence interieur, quand on est attentif à une Prédication? & n'y est-on pas plus attentif, plus l'Eloquence

P. 36.

du Prédicateur est vraie?

3. Saint Augustin témoigne qu'avant sa conversion, l'Eloquence de Ciceron l'empê-choit de goûter la simplicité de l'Evangile; s'ensuit-il delà que l'Eloquence de Ciceron soit une fausse éloquence? Vous dites vous-même le contraire, puisque vous donnez Ciceron & Demosthene pour les modeles de la vraye Eloquence. S'il y avoit donc des esprits de travers à qui l'Eloquence d'un Prédicateur auroit fait perdre le goût de la simplicité de l'Evangile, seroit-ce une preuve que son Eloquence seroit fausse?

4. Tous les autres préten-dus mauvais effets, ne roulent que sur ce que vous avez dit

de l'imagination, que vous appellez une faculté infensée & fusceptible de toute erreur ; & c'est surquoy nous avons assez parlé dans les Reflexions sur la Seconde Partie de vôtre Discours.

Vous ne nous donnez donc qu'une idée bien confuse & bien imparfaite de la fausse Eloquence que vous condamnez, lors que vous dites, que vous n'entendez par là que celle qui produit les mauvais effets que vous aviez marquez auparavant. Il est vray aussi que vous prétendez encore nous la faire connoître, en opposant l'idée que vous en avez donnée à celle de la veritable Eloquence; & c'est dequoy nous parlerons dans la Reflexion suivante. XVIII.

XVIII.

Aprés avoir fuppofé que vous avez fuffifamment fait connoître qu'elle eft la fauffe Eloquence que vous voulez bannir de la Chaire, vous prétendez n'avoir plus autre chofe à faire, qu'oppofer à l'idée que vous en avez donnée, celle de la veritable Eloquence, pour fatisfaire pleinement à tout ce qui peut venir dans l'efprit contre ce que vous aviez dit auparavant.

La vraye Eloquence, dites-vous, eft celle qui fe trouve neceffairement dans tout homme de bon efprit, qui fçait bien parler; & qui eft bien plein & bien penetré de fa matiere.

Afin que cette définition fût

Q

bonne, & nous donnât une idée bien claire de la vraye Eloquence, il faudroit que nous fçuſſions ce que vous entendez par un *homme de bon eſprit*, par *fçavoir bien parler*, & par *être bien plein & penetré de ſa matiere*; car tous ces mots ſe peuvent prendre diverſement.

La notion la plus juſte d'un homme de bon eſprit, ſeroit de ne donner ce nom qu'à ceux qui ont l'eſprit juſte, & qui ſçavent bien diſcerner le vray d'avec le faux. Vous ſçavez neanmoins que l'on étend bien plus loin cette ſignification dans le monde; mais ſi ce que vous en dites avoit lieu, il faudroit qu'il y en eût bien peu, & qu'ainſi la plûpart des

Chaires ne fuſſent remplies
que de faux Eloquens.

Il eſt certain de plus que
l'eſprit de l'homme eſt borné,
& que tel a bon eſprit pour
une choſe, qui ne l'a pas pour
une autre. Il y en a qui ont
bon eſprit pour apprendre, &
qui ne l'ont pas pour enſeigner; qui ont bon eſprit pour
de certaines Sciences, telles
que ſont les Mathematiques,
& qui ne l'ont pas pour d'autres, comme pour la Juriſpru-
dence & la Politique; qui ont
fort bon eſprit pour bien concevoir les choſes, mais qui ne
l'ont pas pour les bien perſuader aux autres; & c'eſt en quoy
conſiſte l'Eloquence.

Ainſi, Monſieur, cette pro-
poſition; *tout homme de bon eſ-*

prit est infailliblement Eloquent,
est manifestement fausse ; &
pour y donner quelque vrai-
semblance, il faudroit la res-
traindre en cette maniere :
Tout homme de bon esprit à
l'égard de l'Eloquence, est infailliblement éloquent ; & cela ne seroit pas même vray :
car avoir un bon esprit à l'é-
gard de l'Eloquence, signifie-
roit seulement, avoir une inclination naturelle pour l'Eloquence ; ce qui ne suffiroit pas
pour être effectivement éloquent, & d'une maniere aussi
parfaite que vous la décrivez ;
à moins que cette inclination
naturelle n'eût été cultivée
par l'art & par l'étude.

Vous voyez donc, Monsieur,
par ces diverses significations

de mots *de bon esprit*, que rien n'est moins propre à faire comprendre ce que vous entendez par la vraye Eloquence, que la description que vous en faites, en disant : *Que c'est celle qui se trouve necessairement en tout homme de bon esprit qui sçait bien parler, & qui est bien plein & bien penetré de sa matiere.*

Ces deux additions, *qui sçait bien parler, & qui est bien plein & bien penetré de sa matiere*, ne sont pas moins équivoques; car qu'entendez-vous par la science de bien parler? Seroit-ce ce qui est appellé par saint Augustin, *Facultas eloquii quæ ad persuadendum valet plurimum ?* Cela ne peut pas être, puisque c'est l'Eloquence même. Il faut donc que vous n'entendiez par là que l'élegance, c'eſt-à-dire , ſçavoir bien parler la langue dans laquelle on prêche ; mais cela a divers degrez, lors ſur tout qu'il s'agit de la langue vulgaire , ou du païs où l'on prêche ; car toutes les perſonnes qui ont de l'éducation , la ſçavent communément aſſez bien parler ; & en prenant ces termes en ce ſens , cette condition ſeroit bien aiſée à remplir. Mais ſi par *ſçavoir bien parler* , vous entendez ſçavoir parler ſelon le bel uſage, & ne point faire de fautes contre les regles qui nous ſont données par les faiſeurs de Remarques ſur la Langue Françoiſe , on auroit de la peine à vous accorder que le

défaut de cette Science fût
suffifant pour rendre fauſſe l'é-
loquence d'un Prédicateur; &
que vous vouluſſiez qu'il eût
plus beſoin des nouvelles regles de la Grammaire Françoiſe, que de celles de la Rhetorique, fondée preſque ſur tout
le bon ſens & ſur la raiſon.

L'autre condition eſt *d'être
bien plein & bien penetré de ſa
matiere.* Ce qui peut encore
avoir deux ſens ; car cela peut
ſignifier , ou qu'on la ſçache
bien, ou qu'on la poſſede bien,
ou qu'on en ait le cœur tou-
ché, & qu'on ne veüille perſuader aux autres que ce dont
on eſt ſoi-même bien perſuadé. Or dans ce dernier ſens,
on pourra vous ſoûtenir que la
vraie Eloquence ne demande·

point neceſſairement cette condition ; puiſque , ſelon ſaint Auguſtin , c'eſt un art dont on peut uſer en bien & en mal ; & ce Saint reconnoît que les méchans peuvent garder toutes les mêmes regles de l'Eloquence, pour perſuader la fauſſeté & l'injuſtice , que les bons, pour perſuader la juſtice & la verité. Ce Paſſage de ſaint Auguſtin eſt ſi important que vous voudrez bien que je le mette ici tout entier : *Nam cum. per artem Rhetoricam & vera ſuadeantur & falſa , quis audeat dicere adverſus mendacium in deffenſoribus ſuis inermem debere conſiſtere veritatem , ut videlicet illi qui res falſas perſuadere conantur, noverint auditorem vel benevolum , vel intentum, vel*

*vel docilem præmio facere ; isti
autem non noverint ? Illi falsa
breviter, aperte, verisimiliter : &
isti vera sic narrant, ut audire tæ-
deat, intelligere non pateat, credere postremo non libeat ? Illi
fallacibus argumentis veritatem
oppugnent , asserant falsitatem ;
isti nec vera deffendere nec falsa valeant refutare. Illi animos
audientium in errorem moven-
tes impellentesque dicendo ter-
reant , contristent , exhilarent,
exhortentur ardenter ; isti pro ve-
ritate lenti frigidique dormitent.
Quis ita desipiat , ut hoc sa-
piat ? Cum ergo sit in medio posita facultas eloquii , quæ ad persuadenda seu prava seu recta valet
plurimum , cur non bonorum studio comparatur, ut militet veritati, si eam mali ad obtinendas per-*

R

verſus vanaſque cauſas , in uſus iniquitatis & erroris uſurpant ?

Vous voyez donc , Monſieur, que ſaint Auguſtin étoit bien éloigné de croire qu'il fut neceſſaire pour être vrayment éloquent de ne vouloir perſuader que la verité , & d'avoir même de l'amour pour la verité que l'on veut perſuader aux autres; puiſque pour porter les gens de bien à ne pas negliger les moyens de ſe rendre éloquens, il employe l'exemple des méchans, qui ont tant de ſoin d'obſerver toutes les regles de l'Eloquence par la paſſion qu'ils ont de venir à bout de leurs injuſtes deſſeins. Et en effet peut-on rien s'imaginer de plus éloquent, que ce que Virgile fait dire à

Junon, pour porter les Troyens à faire ce qui les devoit perdre ? Ainsi si saint Augustin avoit été de vôtre avis, il auroit dit : que la vraie Eloquence est celle qui se trouve dans tout homme de bon esprit, qui sçait assez bien parler la langue vulgaire, que les Auditeurs entendent, & qui possede bien la matiere dont il veut parler. Or ce Passage de ce Pere fait assez voir combien cela est contraire à son sentiment; puisqu'il marque si expressément qu'il n'a point consideré l'Eloquence comme un don naturel, tel qu'est le bon esprit joint à deux conditions qui peuvent être si communes ; mais qu'il l'a regardée comme une qua-

lité qui demande du foin &
de l'étude pour fe le procu-
rer; qui demande des Maîtres
habiles quand on la veut acquerir par les préceptes de la
Rhetorique , ou d'excellens
modeles quand c'eft par la lecture & l'imitation des Auteurs
Eloquens qu'on tâche de le
devenir.

Mais c'eft dequoy je me re-
ferve de parler dans la Reflexion fuivante. Il me fuffit de
conclure dans celle-ci, que les
définitions que vous donnez,
tant de la fauffe Eloquence
que de la vraie , en donnent
des idées fi peu claires & fi
peu diftinctes ; qu'il eft tres-
difficile, pour ne pas dire im-
poffible , de deviner qu'elle
eft la fauffe que vous blâmez,

& qu'elle eſt la vraie que vous approuvez.

Et cela étant, vous dira-t'on, à quoy peut ſervir cette exhortation que vous faites aux Prédicateurs, page 55.

Voilà qu'elle eſt, dites-vous, la maniere de prêcher qui a converti le monde, & qui le con-vertiroit encore aujourd'huy, ſi tous les Prédicateurs étoient de concert pour la ſuivre. Ceux qui ont pris une autre voye, & que l'habitude y a confirmez, en re-viendront difficilement. Mais peut-être que le peu qu'on a eu d'occaſion d'en dire ici, pourra ſervir à faire prendre la bonne, à ceux qui commencent, & qui ſont encore en état de choiſir.

Mais comment choiſir, di-ront ces Prédicateurs, entre

R iij

ce que vous appellez la bonne & la mauvaise maniere de
prêcher, les ayant désignées si
obscurement, que nous n'y
pouvons rien comprendre ?

XIX.

Si vous avez paru excessif,
Monsieur, en blâmant une certaine sorte d'Eloquence que
vous prétendez être fausse ;
vous l'êtes encore, ce me semble, davantage dans les élo-
ges que vous donnez à ceux
qui sont vraiment éloquens selon vôtre idée. Vous en juge-
rez vous-même par quelques-
uns des principaux traits de
ces loüanges hyperboliques.

T. 39.   I. *Tout homme de bon esprit*
qui sçait bien parler, & qui est
bien plein & bien penetré de sa

matiere , est infailliblement éloquent.

2. Il l'est comme il le faut ☐ Ibid.
être, c'est-à-dire, sans penser à
l'être, & par la seule direction
de sa disposition interieure, qui
le conduit d'elle-même , à tout
ce qui se peu desirer en fait d'E-
loquence.

3. Elle l'y conduit même si su- ☐ Ibid.
rement , & elle luy fait garder
de si justes mesures ; que les regles de l'Eloquence n'ont été tirées , que de ce qu'on a observé
dans ceux qui étoient éloquens
de cette sorte. J'examineray dans
la suite si cette raison est bonne.

4. On est parfaitement élo- ☐ Ibid.
quent avec cela seul ; & on ne
l'est jamais veritablement sans
cela.

R iiij

P. 41. 5. *Les Prédicateurs qui sont pleins des veritez de la Religion, & des principes sur quoy elles sont fondées, ne sçauroient manquer, ni de mettre ces saintes veritez dans leur jour, & de les exposer de la maniere la plus propre à les faire recevoir ; ni de les appuyer des preuves directes & naturelles, qui en convainquent l'esprit ; ni d'en faire voir les consequences ; & de les reduire en sistêmes clairs & précis, que l'Auditeur puisse remporter, & dont il puisse faire usage.*

6. *L'ordre geometrique est toûjours gardé dans leurs discours, parce que c'est l'ordre de la raison.*

De bonne foy, Monsieur, croyez-vous sincerement que

tous ceux qui ont tout ce que
vous demandez pour être infailliblement éloquens , ne
manquent point d'observer
toutes ces regles ? Et voudriez-
vous que ce fut une bonne
preuve , qu'un Auteur n'a pas
bon esprit ; ou qu'il ne sçait
pas bien parler ; ou qu'il ne
possede pas bien sa matiere,
de ce qu'il ne les auroit pas
bien observé dans quelque
Ouvrage , ou quelque Dis-
cours ?

Mais permettez-moy, Mon-
sieur , de faire quelques Reflexions sur ce que je viens de
rapporter. La premiere est,
qu'il faudroit que saint Augustin n'eût gueres connu de
bons esprits, ou qu'il fût bien
éloigné de croire que les gens

de bon esprit fuſſent infailliblement éloquens ; ſans même
penſer que pour devenir éloquent, il faut vouloir l'être,
afin de profiter davantage à
ceux à qui on prêche l'Evangile ; & qu'un moyen de le
devenir, eſt de lire & d'écouter les hommes éloquens, en
s'appliquant à les imiter.

Cela a-t'il quelque rapport
P. 39. à ce que vous dites *que la ſeule direction de la diſpoſition interieure de ces gens de bon eſprit, les conduit d'elle même à
tout ce qui ſe peut deſirer en fait
d'Eloquence.*

La ſeconde Reflexion ſera
ſur la preuve que vous donnez
La même. de ce Paradoxe. *Elle les y conduit*, dites-vous, *ſi ſûrement,
que les regles de l'Eloquence n'ont*

été tirées, que de ce qu'on a ob-
servé dans ceux qui étoient élo-
quens de cette sorte. C'est-à-dire, par leur bon esprit.

Si cette raison étoit bonne,
on pourroit dire de tous les
Arts ce que vous dites de l'E-
loquence : qu'il ne faudroit
qu'avoir bon esprit pour s'y
rendre habile , sans avoir besoin de les apprendre ni par
précepte , ni par imitation;
puisque ceux qui les ont in-
ventez , n'ont eu personne
qu'ils imitassent ; & que c'est
d'eux que l'on a tiré les regles que l'on a depuis obser-
vées. Depuis même l'institu-
tion des Arts & des Sciences, il peut se rencontrer quelques genies extraordinaires
qui trouvent d'eux-mêmes ce

que les autres ne peuvent fçavoir que par l'étude ; mais cela eft fi rare que de l'appliquer à toutes fortes de bons
efprits , comme vous faites à
l'égard de l'Eloquence , c'eft
affurément furquoy perfonne
ne fera de vôtre avis. Encore
fi vous vous êtiez contenté de
dire ; que le bon efprit fuffit
pour être mediocrement éloquent, cela feroit plus fuppor-
table ; mais c'eft affurément
une hyperbole bien étrange,
de dire comme vous faites :

T. 39 *Que tout homme de bon efprit
qui fçait bien parler, & qui eft
bien plein & bien penetré de fa
matiere, eft non feulement infailliblement éloquent ; mais qu'il
l'eft parfaitement avec cela feul,
& qu'il a tout ce qui fe peut de-*

sirer en fait d'Eloquence.

La troisiéme Reflexion fera encore mieux voir l'excés de l'hyperbole dont nous venons de parler. C'est sur ce que vous dites: que vôtre éloquent *ne sçauroit manquer , ni de mettre les veritez qu'il traite dans leur jour, ni de les exposer de la maniere la plus propre à les faire recevoir, ni de les appuyer des preuves directes & naturelles qui en convainquent l'esprit.* Si cela étoit , saint Jean Chrysostome que l'on a cru jusqu'ici si éloquent, ne l'étoit guere ; comme on en peut juger par les preuves que ce Saint donne de l'Existence de Dieu dans le neuviéme de ses Sermons au peuple d'Antioche, traduits en François par

M. de Maucroix, page 154.

La quatriéme Reflexion est,
sur ce que vous dites: que *l'ordre geometrique est toûjours gardé dans les discours des vrais
Eloquens.* Mais il ne faut que
considerer en quoy vous faites
consister cet ordre geometrique, pour juger si cela peut
P. 42. être vrai: *Cet ordre,* dites-vous,
*veut que l'on commence par des
choses ou connuës d'elles-mêmes,
comme les premiers principes; ou
déja prouvées, ou receuës & sup-
posées par ceux à qui l'on parle;
& que delà on passe aux conséquences qui en naissent, & qui
étant une fois admises, devien-
nent à leur tour des principes,
d'où l'on tire de nouvelles consequences qui tiennent aux premiers comme les autres; mais par*

des liaisons plus éloignées, &
qu'on ne sçauroit faire sentir
qu'en passant par tout ce qui est
entre deux.

Il est bien certain, Monsieur, qu'afin qu'un raisonnement soit bon, il faut qu'il soit appuyé sur quelque chose de clair ; ou qui nous ait été déja accordé ; ou que nous puissions croire ne nous pouvoir être raisonnablement contesté. Mais outre qu'un homme peut être éloquent, & ne pas toûjours bien raisonner ; vous avez bien vû que cela ne suffisoit pas pour ce que l'on appelle l'ordre geometrique ; & qu'il faloit outre cela une liaison de principes & de conséquences plus prochaines, ou plus éloignées que vous avez si bien décrite. Or cela étant, comment nous avez-vous pû assurer que cet ordre a toûjours été observé par tous ceux que l'on regarde comme les Maîtres de l'Eloquence qui regne dans toutes les Harangues de Demosthene & de Ciceron; & qu'il n'y en a aucune où il ne soit aisé de l'appercevoir?

Il n'est point necessaire d'avoir lû ni Ciceron, ni Demosthene; il suffit de sçavoir quel a été le sujet de leurs Harangues, pour regarder comme éloigné de toute apparence, que l'ordre geometrique tel que vous l'avez décrit, y regne. Arrêtons-nous à Ciceron comme le plus connu. Le sujet de presque toutes ses Oraisons,

Oraisons, font ou des accusations des Gouverneurs de Pro-
vince pour y avoir malversé;
tels que sont les Verrines; ou
des deffenses d'autres, contre
de semblables accusations; ou
des quereles d'Etat : comme
les Catilinaires , ou les Phi-
lippiques. Or comme tout cela consistoit en faits , il est plus
clair que le jour que l'ordre
geometrique ne pouvoit pas y
être observé. Et comment fe-
riez-vous , Monsieur, pour l'y
trouver dans la maniere si in-
genieuse dont Ciceron deffendit Ligarius devant Cesar? Y
pose-t'il des principes? En ti-
re-t'il des consequences , les
unes prochaines , les autres
éloignées; *& qu'on ne sçauroit
faire sentir qu'en passant par*

tout ce qui est entre-deux ?

Mais pour revenir aux Prédicateurs , de qui il s'agit principalement dans vôtre discours ; Ou trouvera-t'on cet ordre geometrique dans les Sermons des Peres ? La plûpart n'étoient que des explications de l'Ecriture : tels que font ceux de faint Augustin fur les Pseaumes , & fur l'Evangile de faint Jean ; qui n'avoient point d'autre ordre, que celuy du texte sacré qu'ils expliquoient. Ils traitent aussi quelquefois des points de Morale : comme des exhortations à faire l'aumône, à souffrir patiemment les adversitez ; mais cet ordre geometrique y paroît aussi peu.

XX.

Je me fais un grand plai-
fir, Monfieur, de pouvoir vous
dire que j'ay trouvé de parfaitement belles chofes dans
cette Troifiéme Partie. Rien,
par exemple , n'eft plus édi-
fiant que ce que vous faites
entendre en plufieurs manieres : que la plus grande Eloquence du Prédicateur , & la
bonne, eft qu'il doit être tou-
ché des veritez qu'il prêche ,
s'il en veut toucher les autres.

J'aurois feulement fouhaité
que vos expreffions euffent été
un peu plus mefurées, & plus
conformes à ce qu'enfeigne
faint Auguftin dans le Livre
dont je vous ay déja parlé ;

car quoy qu'il soit vray, comme ce Saint l'a dit avant vous, que la vertu exemplaire des Prédicateurs de l'Evangile a plus de poids pour persuader les Auditeurs, que la plus grande Eloquence ; il ne faut pas neanmoins faire entendre au peuple, qu'il ne luy serviroit de rien d'écouter les Prédicateurs, qui sont assez malheureux pour ne pas vivre selon les regles qu'ils recommandent aux autres de suivre. Nôtre Seigneur nous a enseigné le contraire, quand il a dit : *Super Cathedram Moysi sederunt Scribæ, & Pharisæi. Omnia ergo quæcumque dixerint vobis, servate, & facite ; secundum verò opera eorum nolite facere : dicunt enim, & non faciunt.*

Matt.23.2.

Les Docteurs de la Loy , & «
les Pharifiens font affis fur la «
Chaire de Moïfe. Obfervez «
donc & faites tout ce qu'ils «
vous ordonnent: mais ne fai- «
tes pas ce qu'ils font ; car ils «
difent *ce qu'il faut faire*, & ne «
le font pas. Et faint Paul ne «
l'enfeigne pas moins expreffé-
ment dans fon Epître aux Phi-
lippiens , en parlant de ceux
qui prêchoient Jefus - Chrift
dans une tres - méchante difpofition , par un efprit de pi-
que & de jaloufie : *Quidam ex*   Phil.1.17.18.
contentione Chriftum annunciant
non fincere , exiftimantes pref-
furam fe fufcitare vinculis meis.
Quid enim ? Dum omnimodo ,
five per occafionem, five per ve-
ritatem, Chriftus annuncietur ; &
in hoc gaudeo, fed & gaudebo.

„ Quelques-uns prêchent Jesus-
„ Chrilt par un esprit de pique
„ & de jaloulie avec une inten-
„ tion qui n'est pas pure, se per-
„ suadant qu'ils ajoûteront une
„ affliction nouvelle à *celle de* mes
„ liens. Mais que m'importe ?
„ pourveu que Jesus-Chrilt soit
„ annoncé en quelque maniere
„ que ce soit : soit par occasion,
„ soit par un vray zele, je m'en
„ réjoüis , & je m'en réjoüiray
„ *toûjours.*

J'aurois donc souhaité , Monsieur, qu'aprés avoir parlé avec
tant de force & de zele en
faveur des Prédicateurs , qui
font connoître par leur bonne vie combien ils font vivement touchez des veritez qu'ils
prêchent ; vous euffiez ajoûté,
en faveur des peuples qui n'ont

pas toûjours le bonheur d'avoir de tels Pasteurs, ce que saint Augustin a toûjours crû qu'il étoit important de leur dire : " Celuy qui prêche avec " sagesse & avec éloquence, & " qui vit mal, sert à plusieurs " qui desirent d'être instruits, " quoy qu'il se nuise beaucoup " à luy-même; & qu'ayant prou- " vé par le Passage de saint Paul que je viens de rapporter, & par ce que Jesus - Christ dit des Pharisiens, il conclud en ces termes : *Multis itaque profunt dicendo quæ non faciunt, sed longe pluribus prodessent faciendo quæ dicunt.*

Il semble, Monsieur, que je devois vous faire de grandes excuses de la liberté que j'ay prise de vous proposer tant de

difficultez fur vôtre Avertiffement ; mais je craindrois que
ce ne fuft pas avoir affez bonne opinion de vôtre pieté,
que d'ufer d'une précaution
qui fuppoferoit que vous en
pourriez avoir de la peine.
Vous avez marqué par une
fort belle Note dans vôtre Second Volume page 278. quel
doit être en ce rencontre le
„ fentiment d'un Chrétien. « Il
„ y a, dites-vous, quelque cho-
„ fe,de fort méprifable dans l'i-
„ gnorance & dans l'erreur. On
„ le fent bien ; & c'eft ce qui
„ fait qu'on ne peut fe refoudre
„ à reconnoître l'une ou l'autre
„ en foy; & qu'on craint moins
„ d'y demeurer,que d'avoüer ni
„ aux autres , ni à foy-même,
„ qu'on y eft,& qu'on y a été.
Un

Un tel aveu coûte trop à l'or- «
güeil; & c'est précisément ce «
qui rend les hommes si indo- «
ciles, & qui les tient si forte- «
ment attachez à toutes les fauf- «
fes opinions dont ils se font «
laissé prévenir. Il est donc clair «
que l'orgüeil est par luy-même «
principe d'aveuglement : mais «
il l'est encore par un autre en- «
droit. C'est que Dieu qui ne «
hait rien tant que l'orgüeil, «
retire sa lumiere des cœurs où «
l'orgüeil entretient une si mon- «
ftrueuse difposition ; au lieu «
qu'il la communique abon- «
damment aux humbles, qui «
se méprifant fouverainement «
eux-mêmes, & connoiffant de «
combien de tenebres le cœur «
de l'homme est rempli ; ne «
peuvent être détournez de la «

T

„ verité , par la peine d'avoüer
„ qu'ils ont été dans l'erreur. Je
me l'applique autant qu'à personne ; car nous sommes tous
capables de faire des fautes ;
& nous avons tous besoins de
demander à Dieu la grace de
les reconnoître quand on nous
en avertit.

F I N.

EXTRAIT DU PRIVILEGE *du Roy*.

PAr Privilege du Roy donné à Paris le 4. Novembre 1694. Signé, DE LA RIVIERE, & Scellé, il est permis à FLORENTIN DELAULNE, Libraire-Imprimeur à Paris, d'imprimer ou faire imprimer, vendre & debiter par tout le Royaume, en un ou plusieurs Volumes, un Livre intitulé : *Reflexions sur l'Eloquence*, & ce pendant le temps de *six années* entieres & consecutives, à commencer du jour que ledit Livre sera achevé d'imprimer. Et deffences sont faites à tous autres d'imprimer, faire imprimer, vendre, debiter ou contrefaire ledit Livre sans le consentement dudit Delaulne, ou de ses ayant cause, à peine de trois mille livres d'amende contre les contrevenans, confiscation de tous les Exemplai-

res , &c. ainſi qu'il eſt plus ample-
ment expliqué par ledit Privilege.

*Regiſtré ſur le Livre de la Com-
munauté des Libraires-Imprimeurs
de Paris, le 11. Decembre 1694.*
Signé, P. Aubouyn, Syndic.

Achevé d'imprimer pour la premiere
fois le 24. Decembre 1694.

Hieronime Dost
marie